最新法律文件解读丛书

行政与执行法律文件解读

XINGZHENG YU ZHIXING FALÜ WENJIAN JIEDU

人民法院出版社　编

总第198辑　2021.06

人民法院出版社

图书在版编目(CIP)数据

行政与执行法律文件解读. 总第198辑 / 人民法院出版社编. -- 北京 : 人民法院出版社, 2021.9

(最新法律文件解读丛书)

ISBN 978-7-5109-3260-1

Ⅰ. ①行… Ⅱ. ①人… Ⅲ. ①行政法-法律解释-中国 Ⅳ. ①D922.105

中国版本图书馆CIP数据核字(2021) 第173540号

行政与执行法律文件解读·总第198辑

人民法院出版社 编

责任编辑 张 奎

出版发行 人民法院出版社

地　　址 北京市东城区东交民巷27号 邮编 100745

电　　话 (010) 67550673 (责任编辑) 67550558 (发行部查询)

65223677 (读者服务部)

客服QQ 2092078039

网　　址 http://www.courtbook.com.cn

E - mail courtbook@sina.com

印　　刷 三河市国英印务有限公司

经　　销 新华书店

开　　本 787毫米×1092毫米 1/16

字　　数 108千字

印　　张 8

版　　次 2021年9月第1版 2021年9月第1次印刷

书　　号 ISBN 978-7-5109-3260-1

定　　价 28.00元

卷首语

本辑重点收录了《全国人民代表大会常务委员会关于修改〈中华人民共和国安全生产法〉的决定》《人民法院在线诉讼规则》《市场监督管理行政执法责任制规定》等法律、司法解释、规范性文件及相关的解读文章。

2021年6月16日，最高人民法院印发《人民法院在线诉讼规则》（以下简称《规则》），并于2021年8月1日施行。《规则》共39条，明确了在线诉讼的法律效力、基本原则、适用条件，内容涵盖在线立案、调解、证据交换、庭审、宣判、送达等诉讼环节，首次从司法解释层面构建形成系统完备、指向清晰、务实管用的在线诉讼规则体系。《规则》的正式印发，是人民法院深入学习贯彻习近平法治思想的重要成果，对于进一步规范在线诉讼，保障当事人诉讼权利，便利人民群众诉讼，提升审判质量效率，推动形成"中国特色、世界领先"互联网新司法模式，具有重大而深远的意义。

2021年5月26日，市场监督管理总局公布了《市场监督管理行政执法责任制规定》，旨在监督和保障市场监督管理部门工作人员依法履行职责，激励新时代新担当新作为。该规定共25条，包括依法界定职责、严格责任追究、明确尽职免责、保障依法履职等方面的内容，是市场监管领域第一部系统规定行政执法责任制及责任追究制度的规章，彰显了市场监管部门强化自我约束、激励新时代新担当新作为的鲜明态度和坚强决心。

本辑"新类型疑难案例选评"栏目收录了《李某平与重庆闽路润贸易有限公司、天津晟旺长鑫贸易有限公司等执行异议案——［评析］非实际控制型法定代表人被限制高消费后的权利救济之困境与出路》一文，以期对基层执法实践中处理类似案件有所裨益。

目录

法律、法律性文件与解读

司法解释、司法指导性文件与解读

部门规章、规章性文件与解读

新类型疑难案例选评

法律、法律性文件与解读

全国人民代表大会常务委员会
关于修改《中华人民共和国安全生产法》的决定

（2021年6月10日第十三届全国人民代表大会常务委员会第二十九次会议通过）

第十三届全国人民代表大会常务委员会第二十九次会议决定对《中华人民共和国安全生产法》作如下修改：

一、将第三条修改为："安全生产工作坚持中国共产党的领导。

"安全生产工作应当以人为本，坚持人民至上、生命至上，把保护人民生命安全摆在首位，树牢安全发展理念，坚持安全第一、预防为主、综合治理的方针，从源头上防范化解重大安全风险。

"安全生产工作实行管行业必须管安全、管业务必须管安全、管生产经营必须管安全，强化和落实生产经营单位主体责任与政府监管责任，建立生产经营单位负责、职工参与、政府监管、行业自律和社会监督的机制。"

二、将第四条修改为："生产经营单位必须遵守本法和其他有关安全生产的法律、法规，加强安全生产管理，建立健全全员安全生产责任制和安全生产规章制度，加大对安全生产资金、物资、技术、人员的投入保障力度，改善安全生产条件，加强安全生产标准化、信息化建设，构建安全风险分级管控和隐患排查治理双重预防机制，健全风险防范化解机制，提高安全生产水平，确保安全生产。

“平台经济等新兴行业、领域的生产经营单位应当根据本行业、领域的特点，建立健全并落实全员安全生产责任制，加强从业人员安全生产教育和培训，履行本法和其他法律、法规规定的有关安全生产义务。”

三、将第五条修改为：“生产经营单位的主要负责人是本单位安全生产第一责任人，对本单位的安全生产工作全面负责。其他负责人对职责范围内的安全生产工作负责。”

四、将第八条改为两条，作为第八条、第九条，修改为：“第八条　国务院和县级以上地方各级人民政府应当根据国民经济和社会发展规划制定安全生产规划，并组织实施。安全生产规划应当与国土空间规划等相关规划相衔接。

“各级人民政府应当加强安全生产基础设施建设和安全生产监管能力建设，所需经费列入本级预算。

“县级以上地方各级人民政府应当组织有关部门建立完善安全风险评估与论证机制，按照安全风险管控要求，进行产业规划和空间布局，并对位置相邻、行业相近、业态相似的生产经营单位实施重大安全风险联防联控。”

“第九条　国务院和县级以上地方各级人民政府应当加强对安全生产工作的领导，建立健全安全生产工作协调机制，支持、督促各有关部门依法履行安全生产监督管理职责，及时协调、解决安全生产监督管理中存在的重大问题。

“乡镇人民政府和街道办事处，以及开发区、工业园区、港区、风景区等应当明确负责安全生产监督管理的有关工作机构及其职责，加强安全生产监管力量建设，按照职责对本行政区域或者管理区域内生产经营单位安全生产状况进行监督检查，协助人民政府有关部门或者按照授权依法履行安全生产监督管理职责。”

五、将第九条改为第十条，修改为：“国务院应急管理部门依照本法，对全国安全生产工作实施综合监督管理；县级以上地方各级人民政府应急管理部门依照本法，对本行政区域内安全生产工作实施综合监督管理。

“国务院交通运输、住房和城乡建设、水利、民航等有关部门依照本法和其他有关法律、行政法规的规定，在各自的职责范围内对有关行业、领域的安全生产工作实施监督管理；县级以上地方各级人民政府有关部门依照本法和其他有关法律、法规的规定，在各自的职责范围内对有关行业、领域的安全生产工作实施监督管理。对新兴行业、领域的安全生产监督管理职责不明确的，由县级以上地方各级人民政府按照业务相近的原则确定监督管理部门。

“应急管理部门和对有关行业、领域的安全生产工作实施监督管理的部门，统称负有安全生产监督管理职责的部门。负有安全生产监督管理职责的部门应当相互配合、齐抓共管、信息共享、资源共用，依法加强安全生产监督管理工作。”

六、增加一条，作为第十二条：“国务院有关部门按照职责分工负责安全生产强制性国家标准的项目提出、组织起草、征求意见、技术审查。国务院应急管理部门统筹提出安全生产强制性国家标准的立项计划。国务院标准化行政主管部门负责安全生产强制性国家标准的立项、编号、对外通报和授权批准发布工作。国务院标准化行政主管部门、有关部门依据法定职责对安全生产强制性国家标准的实施进行监督检查。”

七、增加一条，作为第十七条：“县级以上各级人民政府应当组织负有安全生产监督管理职责的部门依法编制安全生产权力和责任清单，公开并接受社会监督。”

八、将第十八条改为第二十一条，修改为：“生产经营单位的主要负责人对本单位安全生产工作负有下列职责：

“（一）建立健全并落实本单位全员安全生产责任制，加强安全生产标准化建设；

“（二）组织制定并实施本单位安全生产规章制度和操作规程；

“（三）组织制定并实施本单位安全生产教育和培训计划；

“（四）保证本单位安全生产投入的有效实施；

“（五）组织建立并落实安全风险分级管控和隐患排查治理双重预防工作机制，督促、检查本单位的安全生产工作，及时消除生产安全事故隐患；

“（六）组织制定并实施本单位的生产安全事故应急救援预案；

“（七）及时、如实报告生产安全事故。”

九、将第二十二条改为第二十五条，修改为：“生产经营单位的安全生产管理机构以及安全生产管理人员履行下列职责：

“（一）组织或者参与拟订本单位安全生产规章制度、操作规程和生产安全事故应急救援预案；

“（二）组织或者参与本单位安全生产教育和培训，如实记录安全生产教育和培训情况；

“（三）组织开展危险源辨识和评估，督促落实本单位重大危险源的安全管理措施；

“（四）组织或者参与本单位应急救援演练；

“（五）检查本单位的安全生产状况，及时排查生产安全事故隐患，提出改进安全生产管理的建议；

“（六）制止和纠正违章指挥、强令冒险作业、违反操作规程的行为；

“（七）督促落实本单位安全生产整改措施。

“生产经营单位可以设置专职安全生产分管负责人，协助本单位主要负责人履行安全生产管理职责。”

十、将第三十三条改为第三十六条，增加两款，作为第三款、第四款：“生产经营单位不得关闭、破坏直接关系生产安全的监控、报警、防护、救生设备、设施，或者篡改、隐瞒、销毁其相关数据、信息。

“餐饮等行业的生产经营单位使用燃气的，应当安装可燃气体报警装置，并保障其正常使用。”

十一、将第三十七条改为第四十条，第二款修改为：“生产经营单位应当按照国家有关规定将本单位重大危险源及有关安全措施、应急措施报有关地方人民政府应急管理部门和有关部门备案。有关地方人民政府应急管理部门和有关部门应当通过相关信息系统实现信息共享。”

十二、将第三十八条改为第四十一条，修改为：“生产经营单位应当建立安全风险分级管控制度，按照安全风险分级采取相应的管控措施。

“生产经营单位应当建立健全并落实生产安全事故隐患排查治理制度，采取技术、管理措施，及时发现并消除事故隐患。事故隐患排查治理情况应当如实记录，并通过职工大会或者职工代表大会、信息公示栏等方式向从业人员通报。其中，重大事故隐患排查治理情况应当及时向负有安全生产监督管理职责的部门和职工大会或者职工代表大会报告。

“县级以上地方各级人民政府负有安全生产监督管理职责的部门应当将重大事故隐患纳入相关信息系统，建立健全重大事故隐患治理督办制度，督促生产经营单位消除重大事故隐患。”

十三、将第四十一条改为第四十四条，增加一款，作为第二款：“生产经营单位应当关注从业人员的身体、心理状况和行为习惯，加强对从业人员的心理疏导、精神慰藉，严格落实岗位安全生产责任，防范从业人员行为异常导致事故发生。”

十四、将第四十六条改为第四十九条，增加一款，作为第三款：

“矿山、金属冶炼建设项目和用于生产、储存、装卸危险物品的建设项目的施工单位应当加强对施工项目的安全管理，不得倒卖、出租、出借、挂靠或者以其他形式非法转让施工资质，不得将其承包的全部建设工程转包给第三人或者将其承包的全部建设工程支解以后以分包的名义分别转包给第三人，不得将工程分包给不具备相应资质条件的单位。”

十五、将第四十八条改为第五十一条，第二款修改为：“国家鼓励生产经营单位投保安全生产责任保险；属于国家规定的高危行业、领域的生产经营单位，应当投保安全生产责任保险。具体范围和实施办法由国务院应急管理部门会同国务院财政部门、国务院保险监督管理机构和相关行业主管部门制定。”

十六、将第五十三条改为第五十六条，修改为：“生产经营单位发生生产安全事故后，应当及时采取措施救治有关人员。

“因生产安全事故受到损害的从业人员，除依法享有工伤保险外，依照有关民事法律尚有获得赔偿的权利的，有权提出赔偿要求。”

十七、将第五十四条改为第五十七条，修改为：“从业人员在作业过程中，应当严格落实岗位安全责任，遵守本单位的安全生产规章制度和操作规程，服从管理，正确佩戴和使用劳动防护用品。”

十八、将第六十九条改为第七十二条，修改为：“承担安全评价、认证、检测、检验职责的机构应当具备国家规定的资质条件，并对其作出的安全评价、认证、检测、检验结果的合法性、真实性负责。资质条件由国务院应急管理部门会同国务院有关部门制定。

“承担安全评价、认证、检测、检验职责的机构应当建立并实施服务公开和报告公开制度，不得租借资质、挂靠、出具虚假报告。”

十九、将第七十条改为第七十三条，修改为：“负有安全生产监督管理职责的部门应当建立举报制度，公开举报电话、信箱或者电子邮件地址等网络举报平台，受理有关安全生产的举报；受理的举报事项经调查核实后，应当形成书面材料；需要落实整改措施的，报经有关负责人签字并督促落实。对不属于本部门职责，需要由其他有关部门进行调查处理的，转交其他有关部门处理。

“涉及人员死亡的举报事项，应当由县级以上人民政府组织核查处理。”

二十、将第七十一条改为第七十四条，增加一款，作为第二款：“因安全生产违法行为造成重大事故隐患或者导致重大事故，致使国家利益或者社会公共利益受到侵害的，人民检察院可以根据民事诉讼法、行政诉讼法的相关规定提起公益诉讼。”

二十一、将第七十五条改为第七十八条，修改为：“负有安全生产监督管理职责的部门应当建立安全生产违法行为信息库，如实记录生产经营单位及其有关从业人员的安全生产违法行为信息；对违法行为情节严重的生产经营单位及其有关从业人员，应当及时向社会公告，并通报行业主管部门、投资主管部门、自然资源主管部门、生态环境主管部门、证券监督管理机构以及有关金融机构。有关部门和机构应当对存在失信行为的生产经营单位及其有关从业人员采取加大执法检查频次、暂停项目审批、上调有关保险费率、行业或者职业禁入等联合惩戒措施，并向社会公示。

“负有安全生产监督管理职责的部门应当加强对生产经营单位行政处罚信息的及时归集、共享、应用和公开，对生产经营单位作出处罚决定后七个工作日内在监督管理部门公示系统予以公开曝光，强化对违法失信生产经营单位及其有关从业人员的社会监督，提高全社会安全生产诚信水平。”

二十二、将第七十六条改为第七十九条，修改为：“国家加强生产安全事故应急能力建设，在重点行业、领域建立应急救援基地和应急救援队伍，并由国家安全生产应急救援机构统一协调指挥；鼓励生产经营单位和其他社会力量建立应急救援队伍，配备相应的应急救援装备和物资，提高应急救援的专业化水平。

“国务院应急管理部门牵头建立全国统一的生产安全事故应急救援信息系统，国务院交通运输、住房和城乡建设、水利、民航等有关部门和县级以上地方人民政府建立健全相关行业、领域、地区的生产安全事故应急救援信息系统，实现互联互通、信息共享，通过推行网上安全信息采集、安全监管和监测预警，提升监管的精准化、智能化水平。”

二十三、将第七十七条改为第八十条，增加一款，作为第二款：“乡镇人民政府和街道办事处，以及开发区、工业园区、港区、风景区等应当制定相应的生产安全事故应急救援预案，协助人民政府有关部门或者按照授权依法履行生产安全事故应急救援工作职责。”

二十四、将第八十三条改为第八十六条，第一款修改为：“事故调查处理应当按照科学严谨、依法依规、实事求是、注重实效的原则，及时、准确地查清事故原因，查明事故性质和责任，评估应急处置工作，总结事故教训，提出整改措施，并对事故责任单位和人员提出处理建议。事故调查报告应当依法及时向社会公布。事故调查和处理的具体办法由国务院制定。”

增加一款，作为第三款：“负责事故调查处理的国务院有关部门和地方人民政府应当在批复事故调查报告后一年内，组织有关部门对事故整改和防范措施落实情况进行评估，并及时向社会公开评估结果；对不履行职责导致事故整改和防范措施没有落实的有关单位和人员，应当按照有关规定追究责任。”

二十五、将第八十九条改为第九十二条，修改为：“承担安全评价、认证、检测、检验职责的机构出具失实报告的，责令停业整顿，并处三万元以上十万元以下的罚款；给他人造成损害的，依法承担赔偿责任。

“承担安全评价、认证、检测、检验职责的机构租借资质、挂靠、出具虚假报告的，没收违法所得；违法所得在十万元以上的，并处违法所得二倍以上五倍以下的罚款，没有违法所得或者违法所得不足十万元的，单处或者并处十万元以上二十万元以下的罚款；对其直接负责的主管人员和其他直接责任人员处五万元以上十万元以下的罚款；给他人造成损害的，与生产经营单位承担连带赔偿责任；构成犯罪的，依照刑法有关规定追究刑事责任。

“对有前款违法行为的机构及其直接责任人员，吊销其相应资质和资格，五年内不得从事安全评价、认证、检测、检验等工作；情节严重的，实行终身行业和职业禁入。”

二十六、将第九十一条改为第九十四条，第一款修改为：“生产经营单位的主要负责人未履行本法规定的安全生产管理职责的，责令限期改正，处二万元以上五万元以下的罚款；逾期未改正的，处五万元以上十万元以下的罚款，责令生产经营单位停产停业整顿。”

二十七、将第九十二条改为第九十五条，修改为：“生产经营单位的主要负责人未履行本法规定的安全生产管理职责，导致发生生产安全事故的，由应急管理部门依照下列规定处以罚款：

“（一）发生一般事故的，处上一年年收入百分之四十的罚款；

“（二）发生较大事故的，处上一年年收入百分之六十的罚款；

“（三）发生重大事故的，处上一年年收入百分之八十的罚款；

“（四）发生特别重大事故的，处上一年年收入百分之一百的罚款。”

二十八、将第九十三条改为第九十六条，修改为：“生产经营单位的其他负责人和安全生产管理人员未履行本法规定的安全生产管理职责的，责令限期改正，处一万元以上三万元以下的罚款；导致发生生产安全事故的，暂停或者吊销其与安全生产有关的资格，并处上一年年收入百分之二十以上百分之五十以下的罚款；构成犯罪的，依照刑法有关规定追究刑事责任。”

二十九、将第九十四条改为第九十七条，修改为：“生产经营单位有下列行为之一的，责令限期改正，处十万元以下的罚款；逾期未改正的，责令停产停业整顿，并处十万元以上二十万元以下的罚款，对其直接负责的主管人员和其他直接责任人员处二万元以上五万元以下的罚款：

“（一）未按照规定设置安全生产管理机构或者配备安全生产管理人员、注册安全工程师的；

“（二）危险物品的生产、经营、储存、装卸单位以及矿山、金属冶炼、建筑施工、运输单位的主要负责人和安全生产管理人员未按照规定经考核合格的；

“（三）未按照规定对从业人员、被派遣劳动者、实习学生进行安全生产教育和培训，或者未按照规定如实告知有关的安全生产事项的；

“（四）未如实记录安全生产教育和培训情况的；

“（五）未将事故隐患排查治理情况如实记录或者未向从业人员通报的；

“（六）未按照规定制定生产安全事故应急救援预案或者未定期组织演练的；

“（七）特种作业人员未按照规定经专门的安全作业培训并取得相应资格，上岗作业的。”

三十、将第九十五条改为第九十八条，修改为：“生产经营单位有下列行为之一的，责令停止建设或者停产停业整顿，限期改正，并处十万元以上五十万元以下的罚款，对其直接负责的主管人员和其他直接责任人员处二万元以上五万元以下的罚款；逾期未改正的，处五十万元以上一百万元以下的罚款，对其直接负责的主管人员和其他直接责任人员处五万元以上十万元以下的罚款；构成犯罪的，依照刑法有关规定追究刑事责任：

“（一）未按照规定对矿山、金属冶炼建设项目或者用于生产、储存、装卸危险物品的建设项目进行安全评价的；

“（二）矿山、金属冶炼建设项目或者用于生产、储存、装卸危险物品的建设项目没有安全设施设计或者安全设施设计未按照规定报经有关部门审查同意的；

“（三）矿山、金属冶炼建设项目或者用于生产、储存、装卸危险物品的建设项目的施工单位未按照批准的安全设施设计施工的；

“（四）矿山、金属冶炼建设项目或者用于生产、储存、装卸危险物品的建设项目竣工投入生产或者使用前，安全设施未经验收合格的。”

三十一、将第九十六条改为第九十九条，增加两项，作为第四项、第八项：“（四）关闭、破坏直接关系生产安全的监控、报警、防护、救生设备、设施，或者篡改、隐瞒、销毁其相关数据、信息的；

“（八）餐饮等行业的生产经营单位使用燃气未安装可燃气体报警装置的。”

三十二、将第九十八条改为第一百零一条，修改为：“生产经营单位有下列行为之一的，责令限期改正，处十万元以下的罚款；逾期未改正的，责令停产停业整顿，并处十万元以上二十万元以下的罚款，对其直接负责的主管人员和其他直接责任人员处二万元以上五万元以下的罚款；构成犯罪的，依照刑法有关规定追究刑事责任：

“（一）生产、经营、运输、储存、使用危险物品或者处置废弃危险物品，未建立专门安全管理制度、未采取可靠的安全措施的；

“（二）对重大危险源未登记建档，未进行定期检测、评估、监控，未制定应急预案，或者未告知应急措施的；

“（三）进行爆破、吊装、动火、临时用电以及国务院应急管理部门会同国务院有关部门规定的其他危险作业，未安排专门人员进行现场安全管理的；

“（四）未建立安全风险分级管控制度或者未按照安全风险分级采取相应管控措施的；

“（五）未建立事故隐患排查治理制度，或者重大事故隐患排查治理情况未按照规定报告的。”

三十三、将第九十九条改为第一百零二条，修改为："生产经营单位未采取措施消除事故隐患的，责令立即消除或者限期消除，处五万元以下的罚款；生产经营单位拒不执行的，责令停产停业整顿，对其直接负责的主管人员和其他直接责任人员处五万元以上十万元以下的罚款；构成犯罪的，依照刑法有关规定追究刑事责任。"

三十四、将第一百条改为第一百零三条，增加一款，作为第三款："矿山、金属冶炼建设项目和用于生产、储存、装卸危险物品的建设项目的施工单位未按照规定对施工项目进行安全管理的，责令限期改正，处十万元以下的罚款，对其直接负责的主管人员和其他直接责任人员处二万元以下的罚款；逾期未改正的，责令停产停业整顿。以上施工单位倒卖、出租、出借、挂靠或者以其他形式非法转让施工资质的，责令停产停业整顿，吊销资质证书，没收违法所得；违法所得十万元以上的，并处违法所得二倍以上五倍以下的罚款，没有违法所得或者违法所得不足十万元的，单处或者并处十万元以上二十万元以下的罚款；对其直接负责的主管人员和其他直接责任人员处五万元以上十万元以下的罚款；构成犯罪的，依照刑法有关规定追究刑事责任。"

三十五、将第一百零四条改为第一百零七条，修改为："生产经营单位的从业人员不落实岗位安全责任，不服从管理，违反安全生产规章制度或者操作规程的，由生产经营单位给予批评教育，依照有关规章制度给予处分；构成犯罪的，依照刑法有关规定追究刑事责任。"

三十六、增加一条，作为第一百零九条："高危行业、领域的生产经营单位未按照国家规定投保安全生产责任保险的，责令限期改正，处五万元以上十万元以下的罚款；逾期未改正的，处十万元以上二十万元以下的罚款。"

三十七、增加一条，作为第一百一十二条："生产经营单位违反本法规定，被责令改正且受到罚款处罚，拒不改正的，负有安全生产监督管理职责的部门可以自作出责令改正之日的次日起，按照原处罚数额按日连续处罚。”

三十八、将第一百零八条改为第一百一十三条，修改为：“生产经营单位存在下列情形之一的，负有安全生产监督管理职责的部门应当提请地方人民政府予以关闭，有关部门应当依法吊销其有关证照。生产经营单位主要负责人五年内不得担任任何生产经营单位的主要负责人；情节严重的，终身不得担任本行业生产经营单位的主要负责人：

“（一）存在重大事故隐患，一百八十日内三次或者一年内四次受到本法规定的行政处罚的；

“（二）经停产停业整顿，仍不具备法律、行政法规和国家标准或者行业标准规定的安全生产条件的；

“（三）不具备法律、行政法规和国家标准或者行业标准规定的安全生产条件，导致发生重大、特别重大生产安全事故的；

“（四）拒不执行负有安全生产监督管理职责的部门作出的停产停业整顿决定的。”

三十九、将第一百零九条改为第一百一十四条，修改为：“发生生产安全事故，对负有责任的生产经营单位除要求其依法承担相应的赔偿等责任外，由应急管理部门依照下列规定处以罚款：

“（一）发生一般事故的，处三十万元以上一百万元以下的罚款；

“（二）发生较大事故的，处一百万元以上二百万元以下的罚款；

“（三）发生重大事故的，处二百万元以上一千万元以下的罚款；

“（四）发生特别重大事故的，处一千万元以上二千万元以下的罚款。

“发生生产安全事故，情节特别严重、影响特别恶劣的，应急管理部门可以按照前款罚款数额的二倍以上五倍以下对负有责任的生产经营单位处以罚款。”

四十、将第一百一十条改为第一百一十五条，修改为：“本法规定的行政处罚，由应急管理部门和其他负有安全生产监督管理职责的部门按照职责分工决定；其中，根据本法第九十五条、第一百一十条、第一百一十四条的规定应当给予民航、铁路、电力行业的生产经营单位及其主要负责人行政处罚的，也可以由主管的负有安全生产监督管理职责的部门进行处罚。予以关闭的行政处罚，由负有安全生产监督管理职责的部门报请县级以上人民政府按照国务院规定的权限决定；给予拘留的行政处罚，由公安机关依照治安管理处罚的规定决定。”

四十一、将第一百一十三条改为第一百一十八条，第二款修改为：“国务院应急管理部门和其他负有安全生产监督管理职责的部门应当根据各自的职责分工，制定相关行业、领域重大危险源的辨识标准和重大事故隐患的判定标准。”

四十二、对部分条文作以下修改：

（一）将第二十条、第二十四条、第二十七条、第三十五条、第四十条、第五十九条、第六十二条、第七十三条、第八十六条、第一百零六条中的“安全生产监督管理部门”修改为“应急管理部门”，第三十一条中的“安全生产监督管理部门”修改为“负有安全生产监督管理职责的部门”，第四十条中的“吊装”修改为“吊装、动火、临时用电”。

（二）将第十四条中的“生产安全事故责任人员”修改为“生产安全事故责任单位和责任人员”。

（三）将第十九条中的“安全生产责任制”修改为“全员安全生产责任制”。

（四）将第二十一条、第二十四条中的“道路运输单位”修改为“运输单位”，“储存”修改为“储存、装卸”；将第三十一条第二款中的“储存”修改为“储存、装卸”。

（五）将第三十九条第二款、第一百零二条第二项中的“锁闭、封堵”修改为“占用、锁闭、封堵”，“出口”修改为“出口、疏散通道”。

（六）将第六十四条中的“监督执法”修改为“行政执法”。

（七）删去第六十八条中的“行政”。

（八）将第八十四条中的“第八十七条”修改为“第九十条”。

（九）删去第九十六条、第一百条、第一百零一条、第一百零二条中的“可以”。

本决定自2021年9月1日起施行。

《中华人民共和国安全生产法》根据本决定作相应修改并对条文顺序作相应调整，重新公布。

中华人民共和国安全生产法

（2002年6月29日第九届全国人民代表大会常务委员会第二十八次会议通过　根据2009年8月27日第十一届全国人民代表大会常务委员会第十次会议《关于修改部分法律的决定》第一次修正　根据2014年8月31日第十二届全国人民代表大会常务委员会第十次会议《关于修改〈中华人民共和国安全生产法〉的决定》第二次修正　根据2021年6月10日第十三届全国人民代表大会常务委员会第二十九次会议《关于修改〈中华人民共和国安全生产法〉的决定》第三次修正）

目　录

第一章　总　　则

第一条　为了加强安全生产工作，防止和减少生产安全事故，保障人民群众生命和财产安全，促进经济社会持续健康发展，制定本法。

第二条　在中华人民共和国领域内从事生产经营活动的单位（以下统称生产经营单位）的安全生产，适用本法；有关法律、行政法规对消防安全和道路交通安全、铁路交通安全、水上交通安全、民用航空安全以及核与辐射安全、特种设备安全另有规定的，适用其规定。

第三条　安全生产工作坚持中国共产党的领导。

安全生产工作应当以人为本，坚持人民至上、生命至上，把保护人民生命安全摆在首位，树牢安全发展理念，坚持安全第一、预防为主、综合治理的方针，从源头上防范化解重大安全风险。

安全生产工作实行管行业必须管安全、管业务必须管安全、管生产经营必须管安全，强化和落实生产经营单位主体责任与政府监管责任，建立生产经营单位负责、职工参与、政府监管、行业自律和社会监督的机制。

第四条　生产经营单位必须遵守本法和其他有关安全生产的法律、法规，加强安全生产管理，建立健全全员安全生产责任制和安全生产规章制度，加大对安全生产资金、物资、技术、人员的投入保障力度，改善安全生产条件，加强安全生产标准化、信息化建设，构建安全风险分级管控和隐患排查治理双重预防机制，健全风险防范化解机制，提高安全生产水平，确保安全生产。

平台经济等新兴行业、领域的生产经营单位应当根据本行业、领域的特点，建立健全并落实全员安全生产责任制，加强从业人员安全生产教育和培训，履行本法和其他法律、法规规定的有关安全生产义务。

第五条 生产经营单位的主要负责人是本单位安全生产第一责任人，对本单位的安全生产工作全面负责。其他负责人对职责范围内的安全生产工作负责。

第六条 生产经营单位的从业人员有依法获得安全生产保障的权利，并应当依法履行安全生产方面的义务。

第七条 工会依法对安全生产工作进行监督。

生产经营单位的工会依法组织职工参加本单位安全生产工作的民主管理和民主监督，维护职工在安全生产方面的合法权益。生产经营单位制定或者修改有关安全生产的规章制度，应当听取工会的意见。

第八条 国务院和县级以上地方各级人民政府应当根据国民经济和社会发展规划制定安全生产规划，并组织实施。安全生产规划应当与国土空间规划等相关规划相衔接。

各级人民政府应当加强安全生产基础设施建设和安全生产监管能力建设，所需经费列入本级预算。

县级以上地方各级人民政府应当组织有关部门建立完善安全风险评估与论证机制，按照安全风险管控要求，进行产业规划和空间布局，并对位置相邻、行业相近、业态相似的生产经营单位实施重大安全风险联防联控。

第九条 国务院和县级以上地方各级人民政府应当加强对安全生产工作的领导，建立健全安全生产工作协调机制，支持、督促各有关部门依法履行安全生产监督管理职责，及时协调、解决安全生产监督管理中存在的重大问题。

乡镇人民政府和街道办事处，以及开发区、工业园区、港区、风景区等应当明确负责安全生产监督管理的有关工作机构及其职责，加强安全生产监管力量建设，按照职责对本行政区域或者管理区域内生产经营单位安全生产状况进行监督检查，协助人民政府有关部门或者按照授权依法履行安全生产监督管理职责。

第十条 国务院应急管理部门依照本法，对全国安全生产工作实施综合监督管理；县级以上地方各级人民政府应急管理部门依照本法，对本行政区域内安全生产工作实施综合监督管理。

国务院交通运输、住房和城乡建设、水利、民航等有关部门依照本法和其他有关法律、行政法规的规定，在各自的职责范围内对有关行业、领域的安全生产工作实施监督管理；县级以上地方各级人民政府有关部门依照本法和其他有关法律、法规的规定，在各自的职责范围内对有关行业、领域的安全生产工作实施监督管理。对新兴行业、领域的安全生产监督管理职责不明确的，由县级以上地方各级人民政府按照业务相近的原则确定监督管理部门。

应急管理部门和对有关行业、领域的安全生产工作实施监督管理的部门，统称负有安全生产监督管理职责的部门。负有安全生产监督管理职责的部门应当相互配合、齐抓共管、信息共享、资源共用，依法加强安全生产监督管理工作。

第十一条 国务院有关部门应当按照保障安全生产的要求，依法及时制定有关的国家标准或者行业标准，并根据科技进步和经济发展适时修订。

生产经营单位必须执行依法制定的保障安全生产的国家标准或者行业标准。

第十二条 国务院有关部门按照职责分工负责安全生产强制性国家标准的项目提出、组织起草、征求意见、技术审查。国务院应急管理部门统筹提出安全生产强制性国家标准的立项计划。国务院标准化行政主管部门负责安全生产强制性国家标准的立项、编号、对外通报和授权批准发布工作。国务院标准化行政主管部门、有关部门依据法定职责对安全生产强制性国家标准的实施进行监督检查。

第十三条 各级人民政府及其有关部门应当采取多种形式，加强对有关安全生产的法律、法规和安全生产知识的宣传，增强全社会的安全生产意识。

第十四条 有关协会组织依照法律、行政法规和章程，为生产经营单位提供安全生产方面的信息、培训等服务，发挥自律作用，促进生产经营单位加强安全生产管理。

第十五条 依法设立的为安全生产提供技术、管理服务的机构，依照法律、行政法规和执业准则，接受生产经营单位的委托为其安全生产工作提供技术、管理服务。

生产经营单位委托前款规定的机构提供安全生产技术、管理服务的，保证安全生产的责任仍由本单位负责。

第十六条 国家实行生产安全事故责任追究制度，依照本法和有关法律、法规的规定，追究生产安全事故责任单位和责任人员的法律责任。

第十七条 县级以上各级人民政府应当组织负有安全生产监督管理职责的部门依法编制安全生产权力和责任清单，公开并接受社会监督。

第十八条 国家鼓励和支持安全生产科学技术研究和安全生产先进技术的推广应用，提高安全生产水平。

第十九条 国家对在改善安全生产条件、防止生产安全事故、参加抢险救护等方面取得显著成绩的单位和个人，给予奖励。

第二章　生产经营单位的安全生产保障

第二十条 生产经营单位应当具备本法和有关法律、行政法规和国家标准或者行业标准规定的安全生产条件；不具备安全生产条件的，不得从事生产经营活动。

第二十一条 生产经营单位的主要负责人对本单位安全生产工作负有下列职责：

（一）建立健全并落实本单位全员安全生产责任制，加强安全生产标准化建设；

（二）组织制定并实施本单位安全生产规章制度和操作规程；

（三）组织制定并实施本单位安全生产教育和培训计划；

（四）保证本单位安全生产投入的有效实施；

（五）组织建立并落实安全风险分级管控和隐患排查治理双重预防工作机制，督促、检查本单位的安全生产工作，及时消除生产安全事故隐患；

（六）组织制定并实施本单位的生产安全事故应急救援预案；

（七）及时、如实报告生产安全事故。

第二十二条 生产经营单位的全员安全生产责任制应当明确各岗位的责任人员、责任范围和考核标准等内容。

生产经营单位应当建立相应的机制，加强对全员安全生产责任制落实情况的监督考核，保证全员安全生产责任制的落实。

第二十三条 生产经营单位应当具备的安全生产条件所必需的资金投入，由生产经营单位的决策机构、主要负责人或者个人经营的投资人予以保证，并对由于安全生产所必需的资金投入不足导致的后果承担责任。

有关生产经营单位应当按照规定提取和使用安全生产费用，专门用于改善安全生产条件。安全生产费用在成本中据实列支。安全生产费用提取、使用和监督管理的具体办法由国务院财政部门会同国务院应急管理部门征求国务院有关部门意见后制定。

第二十四条 矿山、金属冶炼、建筑施工、运输单位和危险物品的生产、经营、储存、装卸单位，应当设置安全生产管理机构或者配备专职安全生产管理人员。

前款规定以外的其他生产经营单位，从业人员超过一百人的，应当设置安全生产管理机构或者配备专职安全生产管理人员；从业人员在一百人以下的，应当配备专职或者兼职的安全生产管理人员。

第二十五条 生产经营单位的安全生产管理机构以及安全生产管理人员履行下列职责：

（一）组织或者参与拟订本单位安全生产规章制度、操作规程和生产安全事故应急救援预案；

（二）组织或者参与本单位安全生产教育和培训，如实记录安全生产教育和培训情况；

（三）组织开展危险源辨识和评估，督促落实本单位重大危险源的安全管理措施；

（四）组织或者参与本单位应急救援演练；

（五）检查本单位的安全生产状况，及时排查生产安全事故隐患，提出改进安全生产管理的建议；

（六）制止和纠正违章指挥、强令冒险作业、违反操作规程的行为；

（七）督促落实本单位安全生产整改措施。

生产经营单位可以设置专职安全生产分管负责人，协助本单位主要负责人履行安全生产管理职责。

第二十六条 生产经营单位的安全生产管理机构以及安全生产管理人员应当恪尽职守，依法履行职责。

生产经营单位作出涉及安全生产的经营决策，应当听取安全生产管理机构以及安全生产管理人员的意见。

生产经营单位不得因安全生产管理人员依法履行职责而降低其工资、福利等待遇或者解除与其订立的劳动合同。

危险物品的生产、储存单位以及矿山、金属冶炼单位的安全生产管理人员的任免，应当告知主管的负有安全生产监督管理职责的部门。

第二十七条　生产经营单位的主要负责人和安全生产管理人员必须具备与本单位所从事的生产经营活动相应的安全生产知识和管理能力。

危险物品的生产、经营、储存、装卸单位以及矿山、金属冶炼、建筑施工、运输单位的主要负责人和安全生产管理人员，应当由主管的负有安全生产监督管理职责的部门对其安全生产知识和管理能力考核合格。考核不得收费。

危险物品的生产、储存、装卸单位以及矿山、金属冶炼单位应当有注册安全工程师从事安全生产管理工作。鼓励其他生产经营单位聘用注册安全工程师从事安全生产管理工作。注册安全工程师按专业分类管理，具体办法由国务院人力资源和社会保障部门、国务院应急管理部门会同国务院有关部门制定。

第二十八条　生产经营单位应当对从业人员进行安全生产教育和培训，保证从业人员具备必要的安全生产知识，熟悉有关的安全生产规章制度和安全操作规程，掌握本岗位的安全操作技能，了解事故应急处理措施，知悉自身在安全生产方面的权利和义务。未经安全生产教育和培训合格的从业人员，不得上岗作业。

生产经营单位使用被派遣劳动者的，应当将被派遣劳动者纳入本单位从业人员统一管理，对被派遣劳动者进行岗位安全操作规程和安全操作技能的教育和培训。劳务派遣单位应当对被派遣劳动者进行必要的安全生产教育和培训。

生产经营单位接收中等职业学校、高等学校学生实习的，应当对实习学生进行相应的安全生产教育和培训，提供必要的劳动防护用品。学校应当协助生产经营单位对实习学生进行安全生产教育和培训。

生产经营单位应当建立安全生产教育和培训档案，如实记录安全生产教育和培训的时间、内容、参加人员以及考核结果等情况。

第二十九条　生产经营单位采用新工艺、新技术、新材料或者使用新设备，必须了解、掌握其安全技术特性，采取有效的安全防护措施，并对从业人员进行专门的安全生产教育和培训。

第三十条 生产经营单位的特种作业人员必须按照国家有关规定经专门的安全作业培训，取得相应资格，方可上岗作业。

特种作业人员的范围由国务院应急管理部门会同国务院有关部门确定。

第三十一条 生产经营单位新建、改建、扩建工程项目（以下统称建设项目）的安全设施，必须与主体工程同时设计、同时施工、同时投入生产和使用。安全设施投资应当纳入建设项目概算。

第三十二条 矿山、金属冶炼建设项目和用于生产、储存、装卸危险物品的建设项目，应当按照国家有关规定进行安全评价。

第三十三条 建设项目安全设施的设计人、设计单位应当对安全设施设计负责。

矿山、金属冶炼建设项目和用于生产、储存、装卸危险物品的建设项目的安全设施设计应当按照国家有关规定报经有关部门审查，审查部门及其负责审查的人员对审查结果负责。

第三十四条 矿山、金属冶炼建设项目和用于生产、储存、装卸危险物品的建设项目的施工单位必须按照批准的安全设施设计施工，并对安全设施的工程质量负责。

矿山、金属冶炼建设项目和用于生产、储存、装卸危险物品的建设项目竣工投入生产或者使用前，应当由建设单位负责组织对安全设施进行验收；验收合格后，方可投入生产和使用。负有安全生产监督管理职责的部门应当加强对建设单位验收活动和验收结果的监督核查。

第三十五条 生产经营单位应当在有较大危险因素的生产经营场所和有关设施、设备上，设置明显的安全警示标志。

第三十六条 安全设备的设计、制造、安装、使用、检测、维修、改造和报废，应当符合国家标准或者行业标准。

生产经营单位必须对安全设备进行经常性维护、保养，并定期检测，保证正常运转。维护、保养、检测应当作好记录，并由有关人员签字。

生产经营单位不得关闭、破坏直接关系生产安全的监控、报警、防护、救生设备、设施，或者篡改、隐瞒、销毁其相关数据、信息。

餐饮等行业的生产经营单位使用燃气的，应当安装可燃气体报警装置，并保障其正常使用。

第三十七条　生产经营单位使用的危险物品的容器、运输工具，以及涉及人身安全、危险性较大的海洋石油开采特种设备和矿山井下特种设备，必须按照国家有关规定，由专业生产单位生产，并经具有专业资质的检测、检验机构检测、检验合格，取得安全使用证或者安全标志，方可投入使用。检测、检验机构对检测、检验结果负责。

第三十八条　国家对严重危及生产安全的工艺、设备实行淘汰制度，具体目录由国务院应急管理部门会同国务院有关部门制定并公布。法律、行政法规对目录的制定另有规定的，适用其规定。

省、自治区、直辖市人民政府可以根据本地区实际情况制定并公布具体目录，对前款规定以外的危及生产安全的工艺、设备予以淘汰。

生产经营单位不得使用应当淘汰的危及生产安全的工艺、设备。

第三十九条　生产、经营、运输、储存、使用危险物品或者处置废弃危险物品的，由有关主管部门依照有关法律、法规的规定和国家标准或者行业标准审批并实施监督管理。

生产经营单位生产、经营、运输、储存、使用危险物品或者处置废弃危险物品，必须执行有关法律、法规和国家标准或者行业标准，建立专门的安全管理制度，采取可靠的安全措施，接受有关主管部门依法实施的监督管理。

第四十条　生产经营单位对重大危险源应当登记建档，进行定期检测、评估、监控，并制定应急预案，告知从业人员和相关人员在紧急情况下应当采取的应急措施。

生产经营单位应当按照国家有关规定将本单位重大危险源及有关安全措施、应急措施报有关地方人民政府应急管理部门和有关部门备案。有关地方人民政府应急管理部门和有关部门应当通过相关信息系统实现信息共享。

第四十一条 生产经营单位应当建立安全风险分级管控制度，按照安全风险分级采取相应的管控措施。

生产经营单位应当建立健全并落实生产安全事故隐患排查治理制度，采取技术、管理措施，及时发现并消除事故隐患。事故隐患排查治理情况应当如实记录，并通过职工大会或者职工代表大会、信息公示栏等方式向从业人员通报。其中，重大事故隐患排查治理情况应当及时向负有安全生产监督管理职责的部门和职工大会或者职工代表大会报告。

县级以上地方各级人民政府负有安全生产监督管理职责的部门应当将重大事故隐患纳入相关信息系统，建立健全重大事故隐患治理督办制度，督促生产经营单位消除重大事故隐患。

第四十二条 生产、经营、储存、使用危险物品的车间、商店、仓库不得与员工宿舍在同一座建筑物内，并应当与员工宿舍保持安全距离。

生产经营场所和员工宿舍应当设有符合紧急疏散要求、标志明显、保持畅通的出口、疏散通道。禁止占用、锁闭、封堵生产经营场所或者员工宿舍的出口、疏散通道。

第四十三条 生产经营单位进行爆破、吊装、动火、临时用电以及国务院应急管理部门会同国务院有关部门规定的其他危险作业，应当安排专门人员进行现场安全管理，确保操作规程的遵守和安全措施的落实。

第四十四条 生产经营单位应当教育和督促从业人员严格执行本单位的安全生产规章制度和安全操作规程；并向从业人员如实告知作业场所和工作岗位存在的危险因素、防范措施以及事故应急措施。

生产经营单位应当关注从业人员的身体、心理状况和行为习惯，加强对从业人员的心理疏导、精神慰藉，严格落实岗位安全生产责任，防范从业人员行为异常导致事故发生。

第四十五条 生产经营单位必须为从业人员提供符合国家标准或者行业标准的劳动防护用品，并监督、教育从业人员按照使用规则佩戴、使用。

第四十六条 生产经营单位的安全生产管理人员应当根据本单位的生产经营特点，对安全生产状况进行经常性检查；对检查中发现的安全问题，应当立即处理；不能处理的，应当及时报告本单位有关负责人，有关负责人应当及时处理。检查及处理情况应当如实记录在案。

生产经营单位的安全生产管理人员在检查中发现重大事故隐患，依照前款规定向本单位有关负责人报告，有关负责人不及时处理的，安全生产管理人员可以向主管的负有安全生产监督管理职责的部门报告，接到报告的部门应当依法及时处理。

第四十七条 生产经营单位应当安排用于配备劳动防护用品、进行安全生产培训的经费。

第四十八条 两个以上生产经营单位在同一作业区域内进行生产经营活动，可能危及对方生产安全的，应当签订安全生产管理协议，明确各自的安全生产管理职责和应当采取的安全措施，并指定专职安全生产管理人员进行安全检查与协调。

第四十九条 生产经营单位不得将生产经营项目、场所、设备发包或者出租给不具备安全生产条件或者相应资质的单位或者个人。

生产经营项目、场所发包或者出租给其他单位的，生产经营单位应当与承包单位、承租单位签订专门的安全生产管理协议，或者在承包合同、租赁合同中约定各自的安全生产管理职责；生产经营单位对承包单位、承租单位的安全生产工作统一协调、管理，定期进行安全检查，发现安全问题的，应当及时督促整改。

矿山、金属冶炼建设项目和用于生产、储存、装卸危险物品的建设项目的施工单位应当加强对施工项目的安全管理，不得倒卖、出租、出借、挂靠或者以其他形式非法转让施工资质，不得将其承包的全部建设工程转包给第三人或者将其承包的全部建设工程支解以后以分包的名义分别转包给第三人，不得将工程分包给不具备相应资质条件的单位。

第五十条 生产经营单位发生生产安全事故时，单位的主要负责人应当立即组织抢救，并不得在事故调查处理期间擅离职守。

第五十一条 生产经营单位必须依法参加工伤保险，为从业人员缴纳保险费。

国家鼓励生产经营单位投保安全生产责任保险；属于国家规定的高危行业、领域的生产经营单位，应当投保安全生产责任保险。具体范围和实施办法由国务院应急管理部门会同国务院财政部门、国务院保险监督管理机构和相关行业主管部门制定。

第三章 从业人员的安全生产权利义务

第五十二条 生产经营单位与从业人员订立的劳动合同，应当载明有关保障从业人员劳动安全、防止职业危害的事项，以及依法为从业人员办理工伤保险的事项。

生产经营单位不得以任何形式与从业人员订立协议，免除或者减轻其对从业人员因生产安全事故伤亡依法应承担的责任。

第五十三条 生产经营单位的从业人员有权了解其作业场所和工作岗位存在的危险因素、防范措施及事故应急措施，有权对本单位的安全生产工作提出建议。

第五十四条 从业人员有权对本单位安全生产工作中存在的问题提出批评、检举、控告；有权拒绝违章指挥和强令冒险作业。

生产经营单位不得因从业人员对本单位安全生产工作提出批评、检举、控告或者拒绝违章指挥、强令冒险作业而降低其工资、福利等待遇或者解除与其订立的劳动合同。

第五十五条 从业人员发现直接危及人身安全的紧急情况时，有权停止作业或者在采取可能的应急措施后撤离作业场所。

生产经营单位不得因从业人员在前款紧急情况下停止作业或者采取紧急撤离措施而降低其工资、福利等待遇或者解除与其订立的劳动合同。

第五十六条 生产经营单位发生生产安全事故后，应当及时采取措施救治有关人员。

因生产安全事故受到损害的从业人员，除依法享有工伤保险外，依照有关民事法律尚有获得赔偿的权利的，有权提出赔偿要求。

第五十七条 从业人员在作业过程中，应当严格落实岗位安全责任，遵守本单位的安全生产规章制度和操作规程，服从管理，正确佩戴和使用劳动防护用品。

第五十八条 从业人员应当接受安全生产教育和培训，掌握本职工作所需的安全生产知识，提高安全生产技能，增强事故预防和应急处理能力。

第五十九条 从业人员发现事故隐患或者其他不安全因素，应当立即向现场安全生产管理人员或者本单位负责人报告；接到报告的人员应当及时予以处理。

第六十条 工会有权对建设项目的安全设施与主体工程同时设计、同时施工、同时投入生产和使用进行监督，提出意见。

工会对生产经营单位违反安全生产法律、法规，侵犯从业人员合法权益的行为，有权要求纠正；发现生产经营单位违章指挥、强令冒险作业或者发现事故隐患时，有权提出解决的建议，生产经营单位应当及时研究答复；发现危及从业人员生命安全的情况时，有权向生产经营单位建议组织从业人员撤离危险场所，生产经营单位必须立即作出处理。

工会有权依法参加事故调查，向有关部门提出处理意见，并要求追究有关人员的责任。

第六十一条 生产经营单位使用被派遣劳动者的，被派遣劳动者享有本法规定的从业人员的权利，并应当履行本法规定的从业人员的义务。

第四章 安全生产的监督管理

第六十二条 县级以上地方各级人民政府应当根据本行政区域内的安全生产状况，组织有关部门按照职责分工，对本行政区域内容易发生重大生产安全事故的生产经营单位进行严格检查。

应急管理部门应当按照分类分级监督管理的要求，制定安全生产年度监督检查计划，并按照年度监督检查计划进行监督检查，发现事故隐患，应当及时处理。

第六十三条 负有安全生产监督管理职责的部门依照有关法律、法规的规定，对涉及安全生产的事项需要审查批准（包括批准、核准、许可、注册、认证、颁发证照等，下同）或者验收的，必须严格依照有关法律、法规和国家标准或者行业标准规定的安全生产条件和程序进行审查；不符合有关法律、法规和国家标准或者行业标准规定的安全生产条件的，不得批准或者验收通过。对未依法取得批准或者验收合格的单位擅自从事有关活动的，负责行政审批的部门发现或者接到举报后应当立即予以取缔，并依法予以处理。对已经依法取得批准的单位，负责行政审批的部门发现其不再具备安全生产条件的，应当撤销原批准。

第六十四条 负有安全生产监督管理职责的部门对涉及安全生产的事项进行审查、验收，不得收取费用；不得要求接受审查、验收的单位购买其指定品牌或者指定生产、销售单位的安全设备、器材或者其他产品。

第六十五条 应急管理部门和其他负有安全生产监督管理职责的部门依法开展安全生产行政执法工作，对生产经营单位执行有关安全生产的法律、法规和国家标准或者行业标准的情况进行监督检查，行使以下职权：

（一）进入生产经营单位进行检查，调阅有关资料，向有关单位和人员了解情况；

（二）对检查中发现的安全生产违法行为，当场予以纠正或者要求限期改正；对依法应当给予行政处罚的行为，依照本法和其他有关法律、行政法规的规定作出行政处罚决定；

（三）对检查中发现的事故隐患，应当责令立即排除；重大事故隐患排除前或者排除过程中无法保证安全的，应当责令从危险区域内撤出作业人员，责令暂时停产停业或者停止使用相关设施、设备；重大事故隐患排除后，经审查同意，方可恢复生产经营和使用；

（四）对有根据认为不符合保障安全生产的国家标准或者行业标准的设施、设备、器材以及违法生产、储存、使用、经营、运输的危险物品予以查封或者扣押，对违法生产、储存、使用、经营危险物品的作业场所予以查封，并依法作出处理决定。

监督检查不得影响被检查单位的正常生产经营活动。

第六十六条 生产经营单位对负有安全生产监督管理职责的部门的监督检查人员（以下统称安全生产监督检查人员）依法履行监督检查职责，应当予以配合，不得拒绝、阻挠。

第六十七条 安全生产监督检查人员应当忠于职守，坚持原则，秉公执法。

安全生产监督检查人员执行监督检查任务时，必须出示有效的行政执法证件；对涉及被检查单位的技术秘密和业务秘密，应当为其保密。

第六十八条 安全生产监督检查人员应当将检查的时间、地点、内容、发现的问题及其处理情况，作出书面记录，并由检查人员和被检查单位的负责人签字；被检查单位的负责人拒绝签字的，检查人员应当将情况记录在案，并向负有安全生产监督管理职责的部门报告。

第六十九条 负有安全生产监督管理职责的部门在监督检查中，应当互相配合，实行联合检查；确需分别进行检查的，应当互通情况，发现存在的安全问题应当由其他有关部门进行处理的，应当及时移送其他有关部门并形成记录备查，接受移送的部门应当及时进行处理。

第七十条 负有安全生产监督管理职责的部门依法对存在重大事故隐患的生产经营单位作出停产停业、停止施工、停止使用相关设施或者设备的决定，生产经营单位应当依法执行，及时消除事故隐患。生产经营单位拒不执行，有发生生产安全事故的现实危险的，在保证安全的前提下，经本部门主要负责人批准，负有安全生产监督管理职责的部门可以采取通知有关单位停止供电、停止供应民用爆炸物品等措施，强制生产经营单位履行决定。通知应当采用书面形式，有关单位应当予以配合。

负有安全生产监督管理职责的部门依照前款规定采取停止供电措施，除有危及生产安全的紧急情形外，应当提前二十四小时通知生产经营单位。生产经营单位依法履行行政决定、采取相应措施消除事故隐患的，负有安全生产监督管理职责的部门应当及时解除前款规定的措施。

第七十一条 监察机关依照监察法的规定，对负有安全生产监督管理职责的部门及其工作人员履行安全生产监督管理职责实施监察。

第七十二条 承担安全评价、认证、检测、检验职责的机构应当具备国家规定的资质条件，并对其作出的安全评价、认证、检测、检验结果的合法性、真实性负责。资质条件由国务院应急管理部门会同国务院有关部门制定。

承担安全评价、认证、检测、检验职责的机构应当建立并实施服务公开和报告公开制度，不得租借资质、挂靠、出具虚假报告。

第七十三条 负有安全生产监督管理职责的部门应当建立举报制

度，公开举报电话、信箱或者电子邮件地址等网络举报平台，受理有关安全生产的举报；受理的举报事项经调查核实后，应当形成书面材料；需要落实整改措施的，报经有关负责人签字并督促落实。对不属于本部门职责，需要由其他有关部门进行调查处理的，转交其他有关部门处理。

涉及人员死亡的举报事项，应当由县级以上人民政府组织核查处理。

第七十四条 任何单位或者个人对事故隐患或者安全生产违法行为，均有权向负有安全生产监督管理职责的部门报告或者举报。

因安全生产违法行为造成重大事故隐患或者导致重大事故，致使国家利益或者社会公共利益受到侵害的，人民检察院可以根据民事诉讼法、行政诉讼法的相关规定提起公益诉讼。

第七十五条 居民委员会、村民委员会发现其所在区域内的生产经营单位存在事故隐患或者安全生产违法行为时，应当向当地人民政府或者有关部门报告。

第七十六条 县级以上各级人民政府及其有关部门对报告重大事故隐患或者举报安全生产违法行为的有功人员，给予奖励。具体奖励办法由国务院应急管理部门会同国务院财政部门制定。

第七十七条 新闻、出版、广播、电影、电视等单位有进行安全生产公益宣传教育的义务，有对违反安全生产法律、法规的行为进行舆论监督的权利。

第七十八条 负有安全生产监督管理职责的部门应当建立安全生产违法行为信息库，如实记录生产经营单位及其有关从业人员的安全生产违法行为信息；对违法行为情节严重的生产经营单位及其有关从业人员，应当及时向社会公告，并通报行业主管部门、投资主管部门、自然资源主管部门、生态环境主管部门、证券监督管理机构以及有关金融机构。有关部门和机构应当对存在失信行为的生产经营单位及其有关从业人员采取加大执法检查频次、暂停项目审批、上调有关保险费率、行业或者职业禁入等联合惩戒措施，并向社会公示。

负有安全生产监督管理职责的部门应当加强对生产经营单位行政处罚信息的及时归集、共享、应用和公开，对生产经营单位作出处罚决定后七个工作日内在监督管理部门公示系统予以公开曝光，强化对违法失信生产经营单位及其有关从业人员的社会监督，提高全社会安全生产诚信水平。

第五章　生产安全事故的应急救援与调查处理

第七十九条　国家加强生产安全事故应急能力建设，在重点行业、领域建立应急救援基地和应急救援队伍，并由国家安全生产应急救援机构统一协调指挥；鼓励生产经营单位和其他社会力量建立应急救援队伍，配备相应的应急救援装备和物资，提高应急救援的专业化水平。

国务院应急管理部门牵头建立全国统一的生产安全事故应急救援信息系统，国务院交通运输、住房和城乡建设、水利、民航等有关部门和县级以上地方人民政府建立健全相关行业、领域、地区的生产安全事故应急救援信息系统，实现互联互通、信息共享，通过推行网上安全信息采集、安全监管和监测预警，提升监管的精准化、智能化水平。

第八十条　县级以上地方各级人民政府应当组织有关部门制定本行政区域内生产安全事故应急救援预案，建立应急救援体系。

乡镇人民政府和街道办事处，以及开发区、工业园区、港区、风景区等应当制定相应的生产安全事故应急救援预案，协助人民政府有关部门或者按照授权依法履行生产安全事故应急救援工作职责。

第八十一条　生产经营单位应当制定本单位生产安全事故应急救援预案，与所在地县级以上地方人民政府组织制定的生产安全事故应急救援预案相衔接，并定期组织演练。

第八十二条 危险物品的生产、经营、储存单位以及矿山、金属冶炼、城市轨道交通运营、建筑施工单位应当建立应急救援组织；生产经营规模较小的，可以不建立应急救援组织，但应当指定兼职的应急救援人员。

危险物品的生产、经营、储存、运输单位以及矿山、金属冶炼、城市轨道交通运营、建筑施工单位应当配备必要的应急救援器材、设备和物资，并进行经常性维护、保养，保证正常运转。

第八十三条 生产经营单位发生生产安全事故后，事故现场有关人员应当立即报告本单位负责人。

单位负责人接到事故报告后，应当迅速采取有效措施，组织抢救，防止事故扩大，减少人员伤亡和财产损失，并按照国家有关规定立即如实报告当地负有安全生产监督管理职责的部门，不得隐瞒不报、谎报或者迟报，不得故意破坏事故现场、毁灭有关证据。

第八十四条 负有安全生产监督管理职责的部门接到事故报告后，应当立即按照国家有关规定上报事故情况。负有安全生产监督管理职责的部门和有关地方人民政府对事故情况不得隐瞒不报、谎报或者迟报。

第八十五条 有关地方人民政府和负有安全生产监督管理职责的部门的负责人接到生产安全事故报告后，应当按照生产安全事故应急救援预案的要求立即赶到事故现场，组织事故抢救。

参与事故抢救的部门和单位应当服从统一指挥，加强协同联动，采取有效的应急救援措施，并根据事故救援的需要采取警戒、疏散等措施，防止事故扩大和次生灾害的发生，减少人员伤亡和财产损失。

事故抢救过程中应当采取必要措施，避免或者减少对环境造成的危害。

任何单位和个人都应当支持、配合事故抢救，并提供一切便利条件。

第八十六条 事故调查处理应当按照科学严谨、依法依规、实事求是、注重实效的原则，及时、准确地查清事故原因，查明事故性质和责任，评估应急处置工作，总结事故教训，提出整改措施，并对事故责任单位和人员提出处理建议。事故调查报告应当依法及时向社会公布。事故调查和处理的具体办法由国务院制定。

事故发生单位应当及时全面落实整改措施，负有安全生产监督管理职责的部门应当加强监督检查。

负责事故调查处理的国务院有关部门和地方人民政府应当在批复事故调查报告后一年内，组织有关部门对事故整改和防范措施落实情况进行评估，并及时向社会公开评估结果；对不履行职责导致事故整改和防范措施没有落实的有关单位和人员，应当按照有关规定追究责任。

第八十七条 生产经营单位发生生产安全事故，经调查确定为责任事故的，除了应当查明事故单位的责任并依法予以追究外，还应当查明对安全生产的有关事项负有审查批准和监督职责的行政部门的责任，对有失职、渎职行为的，依照本法第九十条的规定追究法律责任。

第八十八条 任何单位和个人不得阻挠和干涉对事故的依法调查处理。

第八十九条 县级以上地方各级人民政府应急管理部门应当定期统计分析本行政区域内发生生产安全事故的情况，并定期向社会公布。

第六章 法律责任

第九十条 负有安全生产监督管理职责的部门的工作人员，有下列行为之一的，给予降级或者撤职的处分；构成犯罪的，依照刑法有关规定追究刑事责任：

（一）对不符合法定安全生产条件的涉及安全生产的事项予以批准或者验收通过的；

（二）发现未依法取得批准、验收的单位擅自从事有关活动或者接到举报后不予取缔或者不依法予以处理的；

（三）对已经依法取得批准的单位不履行监督管理职责，发现其不再具备安全生产条件而不撤销原批准或者发现安全生产违法行为不予查处的；

（四）在监督检查中发现重大事故隐患，不依法及时处理的。

负有安全生产监督管理职责的部门的工作人员有前款规定以外的滥用职权、玩忽职守、徇私舞弊行为的，依法给予处分；构成犯罪的，依照刑法有关规定追究刑事责任。

第九十一条 负有安全生产监督管理职责的部门，要求被审查、验收的单位购买其指定的安全设备、器材或者其他产品的，在对安全生产事项的审查、验收中收取费用的，由其上级机关或者监察机关责令改正，责令退还收取的费用；情节严重的，对直接负责的主管人员和其他直接责任人员依法给予处分。

第九十二条 承担安全评价、认证、检测、检验职责的机构出具失实报告的，责令停业整顿，并处三万元以上十万元以下的罚款；给他人造成损害的，依法承担赔偿责任。

承担安全评价、认证、检测、检验职责的机构租借资质、挂靠、出具虚假报告的，没收违法所得；违法所得在十万元以上的，并处违法所得二倍以上五倍以下的罚款，没有违法所得或者违法所得不足十万元的，单处或者并处十万元以上二十万元以下的罚款；对其直接负责的主管人员和其他直接责任人员处五万元以上十万元以下的罚款；给他人造成损害的，与生产经营单位承担连带赔偿责任；构成犯罪的，依照刑法有关规定追究刑事责任。

对有前款违法行为的机构及其直接责任人员，吊销其相应资质和资格，五年内不得从事安全评价、认证、检测、检验等工作；情节严重的，实行终身行业和职业禁入。

第九十三条 生产经营单位的决策机构、主要负责人或者个人经营的投资人不依照本法规定保证安全生产所必需的资金投入，致使生产经营单位不具备安全生产条件的，责令限期改正，提供必需的资金；逾期未改正的，责令生产经营单位停产停业整顿。

有前款违法行为，导致发生生产安全事故的，对生产经营单位的主要负责人给予撤职处分，对个人经营的投资人处二万元以上二十万元以下的罚款；构成犯罪的，依照刑法有关规定追究刑事责任。

第九十四条 生产经营单位的主要负责人未履行本法规定的安全生产管理职责的，责令限期改正，处二万元以上五万元以下的罚款；逾期未改正的，处五万元以上十万元以下的罚款，责令生产经营单位停产停业整顿。

生产经营单位的主要负责人有前款违法行为，导致发生生产安全事故的，给予撤职处分；构成犯罪的，依照刑法有关规定追究刑事责任。

生产经营单位的主要负责人依照前款规定受刑事处罚或者撤职处分的，自刑罚执行完毕或者受处分之日起，五年内不得担任任何生产经营单位的主要负责人；对重大、特别重大生产安全事故负有责任的，终身不得担任本行业生产经营单位的主要负责人。

第九十五条 生产经营单位的主要负责人未履行本法规定的安全生产管理职责，导致发生生产安全事故的，由应急管理部门依照下列规定处以罚款：

（一）发生一般事故的，处上一年年收入百分之四十的罚款；

（二）发生较大事故的，处上一年年收入百分之六十的罚款；

（三）发生重大事故的，处上一年年收入百分之八十的罚款；

（四）发生特别重大事故的，处上一年年收入百分之一百的罚款。

第九十六条 生产经营单位的其他负责人和安全生产管理人员未履行本法规定的安全生产管理职责的，责令限期改正，处一万元以上三万元以下的罚款；导致发生生产安全事故的，暂停或者吊销其与安全生产有关的资格，并处上一年年收入百分之二十以上百分之五十以下的罚款；构成犯罪的，依照刑法有关规定追究刑事责任。

第九十七条 生产经营单位有下列行为之一的，责令限期改正，处十万元以下的罚款；逾期未改正的，责令停产停业整顿，并处十万元以上二十万元以下的罚款，对其直接负责的主管人员和其他直接责任人员处二万元以上五万元以下的罚款：

（一）未按照规定设置安全生产管理机构或者配备安全生产管理人员、注册安全工程师的；

（二）危险物品的生产、经营、储存、装卸单位以及矿山、金属冶炼、建筑施工、运输单位的主要负责人和安全生产管理人员未按照规定经考核合格的；

（三）未按照规定对从业人员、被派遣劳动者、实习学生进行安全生产教育和培训，或者未按照规定如实告知有关的安全生产事项的；

（四）未如实记录安全生产教育和培训情况的；

（五）未将事故隐患排查治理情况如实记录或者未向从业人员通报的；

（六）未按照规定制定生产安全事故应急救援预案或者未定期组织演练的；

（七）特种作业人员未按照规定经专门的安全作业培训并取得相应资格，上岗作业的。

第九十八条 生产经营单位有下列行为之一的，责令停止建设或者停产停业整顿，限期改正，并处十万元以上五十万元以下的罚款，对其直接负责的主管人员和其他直接责任人员处二万元以上五万元以下的罚款；逾期未改正的，处五十万元以上一百万元以下的罚款，对其直接负责的主管人员和其他直接责任人员处五万元以上十万元以下的罚款；构成犯罪的，依照刑法有关规定追究刑事责任：

（一）未按照规定对矿山、金属冶炼建设项目或者用于生产、储存、装卸危险物品的建设项目进行安全评价的；

（二）矿山、金属冶炼建设项目或者用于生产、储存、装卸危险物品的建设项目没有安全设施设计或者安全设施设计未按照规定报经有关部门审查同意的；

（三）矿山、金属冶炼建设项目或者用于生产、储存、装卸危险物品的建设项目的施工单位未按照批准的安全设施设计施工的；

（四）矿山、金属冶炼建设项目或者用于生产、储存、装卸危险物品的建设项目竣工投入生产或者使用前，安全设施未经验收合格的。

第九十九条 生产经营单位有下列行为之一的，责令限期改正，处五万元以下的罚款；逾期未改正的，处五万元以上二十万元以下的罚款，对其直接负责的主管人员和其他直接责任人员处一万元以上二万元以下的罚款；情节严重的，责令停产停业整顿；构成犯罪的，依照刑法有关规定追究刑事责任：

（一）未在有较大危险因素的生产经营场所和有关设施、设备上设置明显的安全警示标志的；

（二）安全设备的安装、使用、检测、改造和报废不符合国家标准或者行业标准的；

（三）未对安全设备进行经常性维护、保养和定期检测的；

（四）关闭、破坏直接关系生产安全的监控、报警、防护、救生设备、设施，或者篡改、隐瞒、销毁其相关数据、信息的；

（五）未为从业人员提供符合国家标准或者行业标准的劳动防护用品的；

（六）危险物品的容器、运输工具，以及涉及人身安全、危险性较大的海洋石油开采特种设备和矿山井下特种设备未经具有专业资质的机构检测、检验合格，取得安全使用证或者安全标志，投入使用的；

（七）使用应当淘汰的危及生产安全的工艺、设备的；

（八）餐饮等行业的生产经营单位使用燃气未安装可燃气体报警装置的。

第一百条 未经依法批准，擅自生产、经营、运输、储存、使用危险物品或者处置废弃危险物品的，依照有关危险物品安全管理的法律、行政法规的规定予以处罚；构成犯罪的，依照刑法有关规定追究刑事责任。

第一百零一条 生产经营单位有下列行为之一的，责令限期改正，处十万元以下的罚款；逾期未改正的，责令停产停业整顿，并处十万元以上二十万元以下的罚款，对其直接负责的主管人员和其他直接责任人员处二万元以上五万元以下的罚款；构成犯罪的，依照刑法有关规定追究刑事责任：

（一）生产、经营、运输、储存、使用危险物品或者处置废弃危险物品，未建立专门安全管理制度、未采取可靠的安全措施的；

（二）对重大危险源未登记建档，未进行定期检测、评估、监控，未制定应急预案，或者未告知应急措施的；

（三）进行爆破、吊装、动火、临时用电以及国务院应急管理部门会同国务院有关部门规定的其他危险作业，未安排专门人员进行现场安全管理的；

（四）未建立安全风险分级管控制度或者未按照安全风险分级采取相应管控措施的；

（五）未建立事故隐患排查治理制度，或者重大事故隐患排查治理情况未按照规定报告的。

第一百零二条 生产经营单位未采取措施消除事故隐患的，责令立即消除或者限期消除，处五万元以下的罚款；生产经营单位拒不执行的，责令停产停业整顿，对其直接负责的主管人员和其他直接责任人员处五万元以上十万元以下的罚款；构成犯罪的，依照刑法有关规定追究刑事责任。

第一百零三条 生产经营单位将生产经营项目、场所、设备发包或者出租给不具备安全生产条件或者相应资质的单位或者个人的，责令限期改正，没收违法所得；违法所得十万元以上的，并处违法所得二倍以上五倍以下的罚款；没有违法所得或者违法所得不足十万元的，单处或者并处十万元以上二十万元以下的罚款；对其直接负责的主管人员和其他直接责任人员处一万元以上二万元以下的罚款；导致发生生产安全事故给他人造成损害的，与承包方、承租方承担连带赔偿责任。

生产经营单位未与承包单位、承租单位签订专门的安全生产管理协议或者未在承包合同、租赁合同中明确各自的安全生产管理职责，或者未对承包单位、承租单位的安全生产统一协调、管理的，责令限期改正，处五万元以下的罚款，对其直接负责的主管人员和其他直接责任人员处一万元以下的罚款；逾期未改正的，责令停产停业整顿。

矿山、金属冶炼建设项目和用于生产、储存、装卸危险物品的建设项目的施工单位未按照规定对施工项目进行安全管理的，责令限期改正，处十万元以下的罚款，对其直接负责的主管人员和其他直接责任人员处二万元以下的罚款；逾期未改正的，责令停产停业整顿。以上施工单位倒卖、出租、出借、挂靠或者以其他形式非法转让施工资质的，责令停产停业整顿，吊销资质证书，没收违法所得；违法所得十万元以上的，并处违法所得二倍以上五倍以下的罚款，没有违法所得或者违法所得不足十万元的，单处或者并处十万元以上二十万元以下的罚款；对其直接负责的主管人员和其他直接责任人员处五万元以上十万元以下的罚款；构成犯罪的，依照刑法有关规定追究刑事责任。

第一百零四条 两个以上生产经营单位在同一作业区域内进行可能危及对方安全生产的生产经营活动，未签订安全生产管理协议或者未指定专职安全生产管理人员进行安全检查与协调的，责令限期改正，处五万元以下的罚款，对其直接负责的主管人员和其他直接责任人员处一万元以下的罚款；逾期未改正的，责令停产停业。

第一百零五条 生产经营单位有下列行为之一的，责令限期改正，处五万元以下的罚款，对其直接负责的主管人员和其他直接责任人员处一万元以下的罚款；逾期未改正的，责令停产停业整顿；构成犯罪的，依照刑法有关规定追究刑事责任：

（一）生产、经营、储存、使用危险物品的车间、商店、仓库与员工宿舍在同一座建筑内，或者与员工宿舍的距离不符合安全要求的；

（二）生产经营场所和员工宿舍未设有符合紧急疏散需要、标志明显、保持畅通的出口、疏散通道，或者占用、锁闭、封堵生产经营场所或者员工宿舍出口、疏散通道的。

第一百零六条 生产经营单位与从业人员订立协议，免除或者减轻其对从业人员因生产安全事故伤亡依法应承担的责任的，该协议无效；对生产经营单位的主要负责人、个人经营的投资人处二万元以上十万元以下的罚款。

第一百零七条 生产经营单位的从业人员不落实岗位安全责任，不服从管理，违反安全生产规章制度或者操作规程的，由生产经营单位给予批评教育，依照有关规章制度给予处分；构成犯罪的，依照刑法有关规定追究刑事责任。

第一百零八条 违反本法规定，生产经营单位拒绝、阻碍负有安全生产监督管理职责的部门依法实施监督检查的，责令改正；拒不改正的，处二万元以上二十万元以下的罚款；对其直接负责的主管人员和其他直接责任人员处一万元以上二万元以下的罚款；构成犯罪的，依照刑法有关规定追究刑事责任。

第一百零九条 高危行业、领域的生产经营单位未按照国家规定投保安全生产责任保险的，责令限期改正，处五万元以上十万元以下的罚款；逾期未改正的，处十万元以上二十万元以下的罚款。

第一百一十条 生产经营单位的主要负责人在本单位发生生产安全事故时，不立即组织抢救或者在事故调查处理期间擅离职守或者逃匿的，给予降级、撤职的处分，并由应急管理部门处上一年年收入百分之六十至百分之一百的罚款；对逃匿的处十五日以下拘留；构成犯罪的，依照刑法有关规定追究刑事责任。

生产经营单位的主要负责人对生产安全事故隐瞒不报、谎报或者迟报的，依照前款规定处罚。

第一百一十一条 有关地方人民政府、负有安全生产监督管理职责的部门，对生产安全事故隐瞒不报、谎报或者迟报的，对直接负责的主管人员和其他直接责任人员依法给予处分；构成犯罪的，依照刑法有关规定追究刑事责任。

第一百一十二条 生产经营单位违反本法规定，被责令改正且受到罚款处罚，拒不改正的，负有安全生产监督管理职责的部门可以自作出责令改正之日的次日起，按照原处罚数额按日连续处罚。

第一百一十三条 生产经营单位存在下列情形之一的，负有安全生产监督管理职责的部门应当提请地方人民政府予以关闭，有关部门应当依法吊销其有关证照。生产经营单位主要负责人五年内不得担任任何生产经营单位的主要负责人；情节严重的，终身不得担任本行业生产经营单位的主要负责人：

（一）存在重大事故隐患，一百八十日内三次或者一年内四次受到本法规定的行政处罚的；

（二）经停产停业整顿，仍不具备法律、行政法规和国家标准或者行业标准规定的安全生产条件的；

（三）不具备法律、行政法规和国家标准或者行业标准规定的安全生产条件，导致发生重大、特别重大生产安全事故的；

（四）拒不执行负有安全生产监督管理职责的部门作出的停产停业整顿决定的。

第一百一十四条 发生生产安全事故，对负有责任的生产经营单位除要求其依法承担相应的赔偿等责任外，由应急管理部门依照下列规定处以罚款：

（一）发生一般事故的，处三十万元以上一百万元以下的罚款；

（二）发生较大事故的，处一百万元以上二百万元以下的罚款；

（三）发生重大事故的，处二百万元以上一千万元以下的罚款；

（四）发生特别重大事故的，处一千万元以上二千万元以下的罚款。

发生生产安全事故，情节特别严重、影响特别恶劣的，应急管理部门可以按照前款罚款数额的二倍以上五倍以下对负有责任的生产经营单位处以罚款。

第一百一十五条 本法规定的行政处罚，由应急管理部门和其他负有安全生产监督管理职责的部门按照职责分工决定；其中，根据本法第九十五条、第一百一十条、第一百一十四条的规定应当给予民航、铁路、电力行业的生产经营单位及其主要负责人行政处罚的，也可以由主管的负有安全生产监督管理职责的部门进行处罚。予以关闭的行政处罚，由负有安全生产监督管理职责的部门报请县级以上人民政府按照国务院规定的权限决定；给予拘留的行政处罚，由公安机关依照治安管理处罚的规定决定。

第一百一十六条 生产经营单位发生生产安全事故造成人员伤亡、他人财产损失的，应当依法承担赔偿责任；拒不承担或者其负责人逃匿的，由人民法院依法强制执行。

生产安全事故的责任人未依法承担赔偿责任，经人民法院依法采取执行措施后，仍不能对受害人给予足额赔偿的，应当继续履行赔偿义务；受害人发现责任人有其他财产的，可以随时请求人民法院执行。

第七章 附 则

第一百一十七条 本法下列用语的含义：

危险物品，是指易燃易爆物品、危险化学品、放射性物品等能够危及人身安全和财产安全的物品。

重大危险源，是指长期地或者临时地生产、搬运、使用或者储存危险物品，且危险物品的数量等于或者超过临界量的单元（包括场所和设施）。

第一百一十八条 本法规定的生产安全一般事故、较大事故、重大事故、特别重大事故的划分标准由国务院规定。

国务院应急管理部门和其他负有安全生产监督管理职责的部门应当根据各自的职责分工，制定相关行业、领域重大危险源的辨识标准和重大事故隐患的判定标准。

第一百一十九条 本法自2002年11月1日起施行。

司法解释、司法指导性文件与解读

人民法院在线诉讼规则

法释〔2021〕12号

（2021年5月18日最高人民法院审判委员会第1838次会议通过
2021年6月16日最高人民法院公告公布
自2021年8月1日起施行）

为推进和规范在线诉讼活动，完善在线诉讼规则，依法保障当事人及其他诉讼参与人等诉讼主体的合法权利，确保公正高效审理案件，根据《中华人民共和国刑事诉讼法》《中华人民共和国民事诉讼法》《中华人民共和国行政诉讼法》等相关法律规定，结合人民法院工作实际，制定本规则。

第一条 人民法院、当事人及其他诉讼参与人等可以依托电子诉讼平台（以下简称“诉讼平台”），通过互联网或者专用网络在线完成立案、调解、证据交换、询问、庭审、送达等全部或者部分诉讼环节。

在线诉讼活动与线下诉讼活动具有同等法律效力。

第二条 人民法院开展在线诉讼应当遵循以下原则：

（一）公正高效原则。严格依法开展在线诉讼活动，完善审判流程，健全工作机制，加强技术保障，提高司法效率，保障司法公正。

（二）合法自愿原则。尊重和保障当事人及其他诉讼参与人对诉讼方式的选择权，未经当事人及其他诉讼参与人同意，人民法院不得强制或者变相强制适用在线诉讼。

（三）权利保障原则。充分保障当事人各项诉讼权利，强化提示、说明、告知义务，不得随意减少诉讼环节和减损当事人诉讼权益。

（四）便民利民原则。优化在线诉讼服务，完善诉讼平台功能，加强信息技术应用，降低当事人诉讼成本，提升纠纷解决效率。统筹兼顾不同群体司法需求，对未成年人、老年人、残障人士等特殊群体加强诉讼引导，提供相应司法便利。

（五）安全可靠原则。依法维护国家安全，保护国家秘密、商业秘密、个人隐私和个人信息，有效保障在线诉讼数据信息安全。规范技术应用，确保技术中立和平台中立。

第三条 人民法院综合考虑案件情况、当事人意愿和技术条件等因素，可以对以下案件适用在线诉讼：

（一）民事、行政诉讼案件；

（二）刑事速裁程序案件，减刑、假释案件，以及因其他特殊原因不宜线下审理的刑事案件；

（三）民事特别程序、督促程序、破产程序和非诉执行审查案件；

（四）民事、行政执行案件和刑事附带民事诉讼执行案件；

（五）其他适宜采取在线方式审理的案件。

第四条 人民法院开展在线诉讼，应当征得当事人同意，并告知适用在线诉讼的具体环节、主要形式、权利义务、法律后果和操作方法等。

人民法院应当根据当事人对在线诉讼的相应意思表示，作出以下处理：

（一）当事人主动选择适用在线诉讼的，人民法院可以不再另行征得其同意，相应诉讼环节可以直接在线进行；

（二）各方当事人均同意适用在线诉讼的，相应诉讼环节可以在线进行；

（三）部分当事人同意适用在线诉讼，部分当事人不同意的，相应诉讼环节可以采取同意方当事人线上、不同意方当事人线下的方式进行；

（四）当事人仅主动选择或者同意对部分诉讼环节适用在线诉讼的，人民法院不得推定其对其他诉讼环节均同意适用在线诉讼。

对人民检察院参与的案件适用在线诉讼的，应当征得人民检察院同意。

第五条 在诉讼过程中，如存在当事人欠缺在线诉讼能力、不具备在线诉讼条件或者相应诉讼环节不宜在线办理等情形之一的，人民法院应当将相应诉讼环节转为线下进行。

当事人已同意对相应诉讼环节适用在线诉讼，但诉讼过程中又反悔的，应当在开展相应诉讼活动前的合理期限内提出。经审查，人民法院认为不存在故意拖延诉讼等不当情形的，相应诉讼环节可以转为线下进行。

在调解、证据交换、询问、听证、庭审等诉讼环节中，一方当事人要求其他当事人及诉讼参与人在线下参与诉讼的，应当提出具体理由。经审查，人民法院认为案件存在案情疑难复杂、需证人现场作证、有必要线下举证质证、陈述辩论等情形之一的，相应诉讼环节可以转为线下进行。

第六条 当事人已同意适用在线诉讼，但无正当理由不参与在线诉讼活动或者不作出相应诉讼行为，也未在合理期限内申请提出转为线下进行的，应当依照法律和司法解释的相关规定承担相应法律后果。

第七条 参与在线诉讼的诉讼主体应当先行在诉讼平台完成实名注册。人民法院应当通过证件证照在线比对、身份认证平台认证等方式，核实诉讼主体的实名手机号码、居民身份证件号码、护照号码、统一社会信用代码等信息，确认诉讼主体身份真实性。诉讼主体在线完成身份认证后，取得登录诉讼平台的专用账号。

参与在线诉讼的诉讼主体应当妥善保管诉讼平台专用账号和密码。除有证据证明存在账号被盗用或者系统错误的情形外，使用专用账号登录诉讼平台所作出的行为，视为被认证人本人行为。

人民法院在线开展调解、证据交换、庭审等诉讼活动，应当再次验证诉讼主体的身份；确有必要的，应当在线下进一步核实身份。

第八条 人民法院、特邀调解组织、特邀调解员可以通过诉讼平台、人民法院调解平台等开展在线调解活动。在线调解应当按照法律和司法解释相关规定进行，依法保护国家秘密、商业秘密、个人隐私和其他不宜公开的信息。

第九条 当事人采取在线方式提交起诉材料的，人民法院应当在收到材料后的法定期限内，在线作出以下处理：

（一）符合起诉条件的，登记立案并送达案件受理通知书、交纳诉讼费用通知书、举证通知书等诉讼文书；

（二）提交材料不符合要求的，及时通知其补正，并一次性告知补正内容和期限，案件受理时间自收到补正材料后次日重新起算；

（三）不符合起诉条件或者起诉材料经补正仍不符合要求，原告坚持起诉的，依法裁定不予受理或者不予立案；

当事人已在线提交符合要求的起诉状等材料的，人民法院不得要求当事人再提供纸质件。

上诉、申请再审、特别程序、执行等案件的在线受理规则，参照本条第一款、第二款规定办理。

第十条 案件适用在线诉讼的，人民法院应当通知被告、被上诉人或者其他诉讼参与人，询问其是否同意以在线方式参与诉讼。被通知人同意采用在线方式的，应当在收到通知的三日内通过诉讼平台验证身份、关联案件，并在后续诉讼活动中通过诉讼平台了解案件信息、接收和提交诉讼材料，以及实施其他诉讼行为。

被通知人未明确表示同意采用在线方式，且未在人民法院指定期限内注册登录诉讼平台的，针对被通知人的相关诉讼活动在线下进行。

第十一条 当事人可以在诉讼平台直接填写录入起诉状、答辩状、反诉状、代理意见等诉讼文书材料。

当事人可以通过扫描、翻拍、转录等方式，将线下的诉讼文书材料或者证据材料作电子化处理后上传至诉讼平台。诉讼材料为电子数据，且诉讼平台与存储该电子数据的平台已实现对接的，当事人可以将电子数据直接提交至诉讼平台。

当事人提交电子化材料确有困难的，人民法院可以辅助当事人将线下材料作电子化处理后导入诉讼平台。

第十二条 当事人提交的电子化材料，经人民法院审核通过后，可以直接在诉讼中使用。诉讼中存在下列情形之一的，人民法院应当要求当事人提供原件、原物：

（一）对方当事人认为电子化材料与原件、原物不一致，并提出合理理由和依据的；

（二）电子化材料呈现不完整、内容不清晰、格式不规范的；

（三）人民法院卷宗、档案管理相关规定要求提供原件、原物的；

（四）人民法院认为有必要提交原件、原物的。

第十三条 当事人提交的电子化材料，符合下列情形之一的，人民法院可以认定符合原件、原物形式要求：

（一）对方当事人对电子化材料与原件、原物的一致性未提出异议的；

（二）电子化材料形成过程已经过公证机构公证的；

（三）电子化材料已在之前诉讼中提交并经人民法院确认的；

（四）电子化材料已通过在线或者线下方式与原件、原物比对一致的；

（五）有其他证据证明电子化材料与原件、原物一致的。

第十四条 人民法院根据当事人选择和案件情况，可以组织当事人开展在线证据交换，通过同步或者非同步方式在线举证、质证。

各方当事人选择同步在线交换证据的，应当在人民法院指定的时间登录诉讼平台，通过在线视频或者其他方式，对已经导入诉讼平台的证据材料或者线下送达的证据材料副本，集中发表质证意见。

各方当事人选择非同步在线交换证据的，应当在人民法院确定的合理期限内，分别登录诉讼平台，查看已经导入诉讼平台的证据材料，并发表质证意见。

各方当事人均同意在线证据交换，但对具体方式无法达成一致意见的，适用同步在线证据交换。

第十五条 当事人作为证据提交的电子化材料和电子数据，人民法院应当按照法律和司法解释的相关规定，经当事人举证质证后，依法认定其真实性、合法性和关联性。未经人民法院查证属实的证据，不得作为认定案件事实的根据。

第十六条 当事人作为证据提交的电子数据系通过区块链技术存储，并经技术核验一致的，人民法院可以认定该电子数据上链后未经篡改，但有相反证据足以推翻的除外。

第十七条 当事人对区块链技术存储的电子数据上链后的真实性提出异议，并有合理理由的，人民法院应当结合下列因素作出判断：

（一）存证平台是否符合国家有关部门关于提供区块链存证服务的相关规定；

（二）当事人与存证平台是否存在利害关系，并利用技术手段不当干预取证、存证过程；

（三）存证平台的信息系统是否符合清洁性、安全性、可靠性、可用性的国家标准或者行业标准；

（四）存证技术和过程是否符合相关国家标准或者行业标准中关于系统环境、技术安全、加密方式、数据传输、信息验证等方面的要求。

第十八条 当事人提出电子数据上链存储前已不具备真实性，并提供证据证明或者说明理由的，人民法院应当予以审查。

人民法院根据案件情况，可以要求提交区块链技术存储电子数据的一方当事人，提供证据证明上链存储前数据的真实性，并结合上链存储前数据的具体来源、生成机制、存储过程、公证机构公证、第三方见证、关联印证数据等情况作出综合判断。当事人不能提供证据证明或者作出合理说明，该电子数据也无法与其他证据相互印证的，人民法院不予确认其真实性。

第十九条 当事人可以申请具有专门知识的人就区块链技术存储电子数据相关技术问题提出意见。人民法院可以根据当事人申请或者依职权，委托鉴定区块链技术存储电子数据的真实性，或者调取其他相关证据进行核对。

第二十条 经各方当事人同意，人民法院可以指定当事人在一定期限内，分别登录诉讼平台，以非同步的方式开展调解、证据交换、调查询问、庭审等诉讼活动。

适用小额诉讼程序或者民事、行政简易程序审理的案件，同时符合下列情形的，人民法院和当事人可以在指定期限内，按照庭审程序环节分别录制参与庭审视频并上传至诉讼平台，非同步完成庭审活动：

（一）各方当事人同时在线参与庭审确有困难；

（二）一方当事人提出书面申请，各方当事人均表示同意；

（三）案件经过在线证据交换或者调查询问，各方当事人对案件主要事实和证据不存在争议。

第二十一条 人民法院开庭审理的案件，应当根据当事人意愿、案件情况、社会影响、技术条件等因素，决定是否采取视频方式在线庭审，但具有下列情形之一的，不得适用在线庭审：

（一）各方当事人均明确表示不同意，或者一方当事人表示不同意且有正当理由的；

（二）各方当事人均不具备参与在线庭审的技术条件和能力的；

（三）需要通过庭审现场查明身份、核对原件、查验实物的；

（四）案件疑难复杂、证据繁多，适用在线庭审不利于查明事实和适用法律的；

（五）案件涉及国家安全、国家秘密的；

（六）案件具有重大社会影响，受到广泛关注的；

（七）人民法院认为存在其他不宜适用在线庭审情形的。

采取在线庭审方式审理的案件，审理过程中发现存在上述情形之一的，人民法院应当及时转为线下庭审。已完成的在线庭审活动具有法律效力。

在线询问的适用范围和条件参照在线庭审的相关规则。

第二十二条 适用在线庭审的案件，应当按照法律和司法解释的相关规定开展庭前准备、法庭调查、法庭辩论等庭审活动，保障当事人申请回避、举证、质证、陈述、辩论等诉讼权利。

第二十三条 需要公告送达的案件，人民法院可以在公告中明确线上或者线下参与庭审的具体方式，告知当事人选择在线庭审的权利。被公告方当事人未在开庭前向人民法院表示同意在线庭审的，被公告方当事人适用线下庭审。其他同意适用在线庭审的当事人，可以在线参与庭审。

第二十四条 在线开展庭审活动，人民法院应当设置环境要素齐全的在线法庭。在线法庭应当保持国徽在显著位置，审判人员及席位名称等在视频画面合理区域。因存在特殊情形，确需在在线法庭之外的其他场所组织在线庭审的，应当报请本院院长同意。

出庭人员参加在线庭审，应当选择安静、无干扰、光线适宜、网络信号良好、相对封闭的场所，不得在可能影响庭审音频视频效果或者有损庭审严肃性的场所参加庭审。必要时，人民法院可以要求出庭人员到指定场所参加在线庭审。

第二十五条 出庭人员参加在线庭审应当尊重司法礼仪，遵守法庭纪律。人民法院根据在线庭审的特点，适用《中华人民共和国人民法院法庭规则》相关规定。

除确属网络故障、设备损坏、电力中断或者不可抗力等原因外，当事人无正当理由不参加在线庭审，视为“拒不到庭”；在庭审中擅自退出，经提示、警告后仍不改正的，视为“中途退庭”，分别按照相关法律和司法解释的规定处理。

第二十六条 证人通过在线方式出庭的，人民法院应当通过指定在线出庭场所、设置在线作证室等方式，保证其不旁听案件审理和不受他人干扰。当事人对证人在线出庭提出异议且有合理理由的，或者人民法院认为确有必要的，应当要求证人线下出庭作证。

鉴定人、勘验人、具有专门知识的人在线出庭的，参照前款规定执行。

第二十七条 适用在线庭审的案件，应当按照法律和司法解释的相关规定公开庭审活动。

对涉及国家安全、国家秘密、个人隐私的案件，庭审过程不得在互联网上公开。对涉及未成年人、商业秘密、离婚等民事案件，当事人申请不公开审理的，在线庭审过程可以不在互联网上公开。

未经人民法院同意，任何人不得违法违规录制、截取、传播涉及在线庭审过程的音频视频、图文资料。

第二十八条 在线诉讼参与人故意违反本规则第八条、第二十四条、第二十五条、第二十六条、第二十七条的规定，实施妨害在线诉讼秩序行为的，人民法院可以根据法律和司法解释关于妨害诉讼的相关规定作出处理。

第二十九条 经受送达人同意，人民法院可以通过送达平台，向受送达人的电子邮箱、即时通讯账号、诉讼平台专用账号等电子地址，按照法律和司法解释的相关规定送达诉讼文书和证据材料。

具备下列情形之一的，人民法院可以确定受送达人同意电子送达：

（一）受送达人明确表示同意的；

（二）受送达人在诉讼前对适用电子送达已作出约定或者承诺的；

（三）受送达人在提交的起诉状、上诉状、申请书、答辩状中主动提供用于接收送达的电子地址的；

（四）受送达人通过回复收悉、参加诉讼等方式接受已经完成的电子送达，并且未明确表示不同意电子送达的。

第三十条 人民法院可以通过电话确认、诉讼平台在线确认、线下发送电子送达确认书等方式，确认受送达人是否同意电子送达，以及受送达人接收电子送达的具体方式和地址，并告知电子送达的适用范围、效力、送达地址变更方式以及其他需告知的送达事项。

第三十一条 人民法院向受送达人主动提供或者确认的电子地址送达的，送达信息到达电子地址所在系统时，即为送达。

受送达人未提供或者未确认有效电子送达地址，人民法院向能够确认为受送达人本人的电子地址送达的，根据下列情形确定送达是否生效：

（一）受送达人回复已收悉，或者根据送达内容已作出相应诉讼行为的，即为完成有效送达；

（二）受送达人的电子地址所在系统反馈受送达人已阅知，或者有其他证据可以证明受送达人已经收悉的，推定完成有效送达，但受送达人能够证明存在系统错误、送达地址非本人使用或者非本人阅知等未收悉送达内容的情形除外。

人民法院开展电子送达，应当在系统中全程留痕，并制作电子送达凭证。电子送达凭证具有送达回证效力。

对同一内容的送达材料采取多种电子方式发送受送达人的，以最先完成的有效送达时间作为送达生效时间。

第三十二条 人民法院适用电子送达，可以同步通过短信、即时通讯工具、诉讼平台提示等方式，通知受送达人查阅、接收、下载相关送达材料。

第三十三条 适用在线诉讼的案件，各方诉讼主体可以通过在线确认、电子签章等方式，确认和签收调解协议、笔录、电子送达凭证及其他诉讼材料。

第三十四条 适用在线诉讼的案件，人民法院应当在调解、证据交换、庭审、合议等诉讼环节同步形成电子笔录。电子笔录以在线方式核对确认后，与书面笔录具有同等法律效力。

第三十五条 适用在线诉讼的案件，人民法院应当利用技术手段随案同步生成电子卷宗，形成电子档案。电子档案的立卷、归档、存储、利用等，按照档案管理相关法律法规的规定执行。

案件无纸质材料或者纸质材料已经全部转化为电子材料的，第一审人民法院可以采用电子卷宗代替纸质卷宗进行上诉移送。

适用在线诉讼的案件存在纸质卷宗材料的，应当按照档案管理相关法律法规立卷、归档和保存。

第三十六条 执行裁决案件的在线立案、电子材料提交、执行和解、询问当事人、电子送达等环节，适用本规则的相关规定办理。

人民法院可以通过财产查控系统、网络询价评估平台、网络拍卖平台、信用惩戒系统等，在线完成财产查明、查封、扣押、冻结、划扣、变价和惩戒等执行实施环节。

第三十七条 符合本规定第三条第二项规定的刑事案件，经公诉人、当事人、辩护人同意，可以根据案件情况，采取在线方式讯问被告人、开庭审理、宣判等。

案件采取在线方式审理的，按照以下情形分别处理：

（一）被告人、罪犯被羁押的，可以在看守所、监狱等羁押场所在线出庭；

（二）被告人、罪犯未被羁押的，因特殊原因确实无法到庭的，可以在人民法院指定的场所在线出庭；

（三）证人、鉴定人一般应当在线下出庭，但法律和司法解释另有规定的除外。

第三十八条 参与在线诉讼的相关主体应当遵守数据安全和个人信息保护的相关法律法规，履行数据安全和个人信息保护义务。除人民法院依法公开的以外，任何人不得违法违规披露、传播和使用在线诉讼数据信息。出现上述情形的，人民法院可以根据具体情况，依照法律和司法解释关于数据安全、个人信息保护以及妨害诉讼的规定追究相关单位和人员法律责任，构成犯罪的，依法追究刑事责任。

第三十九条 本规则自2021年8月1日起施行。最高人民法院之前发布的司法解释涉及在线诉讼的规定与本规则不一致的，以本规则为准。

解读——
《人民法院在线诉讼规则》

刘 峥 何 帆 李承运*

2021年5月18日，《人民法院在线诉讼规则》（以下简称《规则》）经最高人民法院审判委员会第1838次会议审议通过，并于2021年8月1日施行。《规则》共三十九条，明确了在线诉讼的法律效力、基本原则、适用条件，内容涵盖在线立案、调解、证据交换、庭审、宣判、送达等诉讼环节，首次从司法解释层面构建形成系统完备、指向清

* 作者单位：最高人民法院。

晰、务实管用的在线诉讼规则体系。

《规则》的正式印发，是人民法院深入学习贯彻习近平法治思想的重要成果，对于进一步规范在线诉讼，保障当事人诉讼权利，便利人民群众诉讼，提升审判质量效率，推动形成“中国特色、世界领先”互联网新司法模式，具有重大而深远的意义。现就《规则》起草背景、主要思路和司法实践中应当注意的重点问题说明如下。

一、《规则》的起草背景和主要思路

“探索构建适应互联网时代需求的新型管辖规则、诉讼规则，推动审判方式、诉讼制度与互联网技术深度融合”是《最高人民法院关于深化人民法院司法体制综合配套改革的意见——人民法院第五个五年改革纲要（2019—2023）》确定的重点改革任务。近年来，人民法院主动适应互联网时代发展要求，回应人民群众公正、高效、便捷、多元解纷的司法需求，稳妥有序地推进完善案件在线审理机制。杭州、北京、广州三家互联网法院利用先发优势，探索构建全流程在线审理机制，推动大数据、区块链、人工智能等新技术在审判执行领域深度运用。各地法院依托“中国移动微法院”诉讼平台，逐步推广适用在线诉讼，实现审判模式转型升级。尤其在新冠肺炎疫情防控期间，在线诉讼大显身手，实现了“审判执行不停摆，公平正义不止步”，为统筹推进疫情防控和经济社会发展作出了积极贡献。

自2018年以来，最高人民法院先后制定印发《关于互联网法院审理案件若干问题的规定》（以下简称《互联网法院司法解释》）、《民事诉讼程序繁简分流改革试点实施办法》和《关于新冠肺炎疫情防控期间加强和规范在线诉讼工作的通知》，指导相关法院开展在线诉讼实践。但总体上看，上述文件主要针对特定法院、特定时期和特定诉讼环节，还未形成适用于全国法院、覆盖诉讼全流程、效力层级较高的在线诉讼规则。

各地法院尽管积累大量经验，但也存在在线诉讼效力不确定、规则不明确、标准不清晰、程序不统一、操作不规范等问题。因此，最高人民法院在深入开展调研论证，全面总结互联网司法实践成果基础上，研究制定了《规则》，作为全国法院开展在线诉讼的主要依据。

《规则》的主要起草思路是：

一是坚持人民性，充分回应互联网时代人民群众司法需求。随着移动互联网技术日益普及，人民群众普遍期待司法诉讼更加数字化、网络化、便捷化，推动提升审判效率、降低诉讼成本，同时，也担心诉讼权益在参与在线诉讼过程中受到减损。《规则》针对上述情况，既充分发挥在线诉讼灵活、简便、全天候、易操作等优势，又坚持以当事人同意为基本前提，尊重和保障当事人诉讼模式选择权和程序利益处分权，实现提升司法效能和保障人民群众合法诉讼权益相统一。

二是注重规范性，科学构建人民法院在线办案程序。《规则》聚焦突破制度性障碍，旨在明确在线诉讼法律效力、填补规则空白、统一行为标准、细化程序规范。同时，考虑到互联网技术发展迅速，一些诉讼领域仍有探索创新余地，《规则》也注重保持制度弹性，表述上适当“留白”，不追求面面俱到，对于一些新技术应用领域的问题，可由各地法院结合审判实际、技术发展情况持续探索、细化完善。

三是彰显时代性，积极适应技术与司法融合应用发展要求。《规则》积极推动和有效规范新技术与诉讼程序的融合发展。针对区块链存证、非同步审理机制、在线法庭设置、电子送达、电子卷宗等前沿问题，依法确认法律效力、明确审核规则、划定适用边界，并就维护数据信息安全，确保技术中立和平台中立提出要求。

二、关于在线诉讼的内涵和效力

《规则》第一条明确了在线诉讼的内涵和效力。在效力方面，在线诉讼活动与线下诉讼活动具有同等法律效力。在在线诉讼内涵方面，应当注意把握好以下三个问题。

一是关于在线诉讼的表现形式。在线诉讼包括从立案到执行的各个诉讼环节，但不要求所有流程均必须在线办理。实践中，司法案件各有其特点，有的适宜在线解决，有的适合线下审理，必须遵循规律、实事求是。无论是“全部诉讼环节在线”，还是“部分诉讼环节在线”，或者“部分当事人线上，部分当事人线下”，都属于在线诉讼的表现形式。

二是关于在线诉讼的网络载体。在线诉讼可以通过互联网或专用网络两种方式进行。对于民事、行政等案件，在线诉讼活动主要在互联网上完成，人民法院应当在确保数据和系统安全的前提下，实现内外网系统数据互通。对于刑事案件，在线诉讼一般通过专用网络进行，以满足刑事案件审理的技术保障要求。

三是关于在线诉讼的开展方式。在线诉讼活动主要依托电子诉讼平台开展。考虑到目前全国法院信息化建设规模、进程尚不均衡，《规则》中的“诉讼平台”还是一个泛指概念，既包括最高人民法院统一指导建设的电子诉讼平台，也包括各地法院结合工作需要自行建设的平台，是各类服务于在线诉讼工作平台的集合。未来，随着智慧法院建设不断深入，电子诉讼平台也将逐步向规范化、系统化、一体化发展。

三、关于在线诉讼的基本原则

《规则》第二条确立了在线诉讼“公正高效”“合法自愿”“权利保障”“便民利民”“安全可靠”五个基本原则，作为开展在线诉讼总体要求。“公正高效”是在线诉讼的根本特征，目的是利用信息技术，提升审判质量效率，更快更好地实现公平正义；“合法自愿”是在线诉讼的适用前提，当事人有权自主选择线上或者线下诉讼模式，但不得不当干预和影响其他诉讼主体的选择权；“权利保障”是在线诉讼的核心要求，人民法院应当帮助当事人更加充分、便捷、及时地行使各项诉讼权利，不能为求简便而减损当事人权利；“便民利民”是在线诉讼的价值取向，基本出发点是为当事人提供诉讼便利，降低诉讼成本，统筹兼顾不同群体的诉讼能力和司法需求，提供差异化、精准化的在线诉讼服务；“安全可靠”是在线诉讼的基础保障，各类信息技术的运用必须符合司法规律和技术伦理，保障数据信息安全，避免因技术不当使用或平台利益关联，影响司法公正性和公信力。

四、关于在线诉讼的适用范围

《规则》第三条明确在线诉讼的适用案件范围，根据该条规定，各类民事、行政、非诉和执行程序案件，只要符合适用条件，均可采取在线方式办理。但是，考虑到刑事案件涉及侦查、检察、审判机关的协调衔接，在证据规格、权利保障、数据安全方面也有特殊要求，在线诉讼应当依法审慎稳妥推进，主要适用于案情简单、程序简便或者因疫情防控等特殊原因不宜线下审理的刑事案件。因此，《规则》第三条第二项将这类案件的范围限定为“刑事速裁程序案件，减刑、假释案件，以及因特殊原因不宜线下审理的刑事案件”，并在第三十七条作出专门规定。

《规则》第三条第五项是在线诉讼适用案件范围的兜底条款，即“其他适宜采取在线方式审理的案件”。司法实践中，对于哪些属于“适宜采取在线方式审理”案件，人民法院可以结合当事人意愿、案件性质、复杂程度、证据情况等因素作出综合判断。例如，部分国家赔偿案件，如果不存在重大敏感因素，当事人自身又有在线诉讼需求的，也可以在线办理。

五、关于在线诉讼的适用条件

《规则》第三条、第四条、第五条、第六条对在线诉讼的适用条件以及线上线下两种审理方式的转换作出规定。适用在线诉讼需要满足三个条件。

（一）当事人同意适用在线诉讼

按照《规则》确定的合法自愿原则，在线诉讼是为当事人参与诉讼的方式提供更多选择，并不具有强制性，所以应当以当事人主动选择或者同意为前提。实践中需注意以下四个方面。

一是关于“当事人同意”的方式。《规则》对当事人同意的方式未作具体限制，实践中至少可以包括：主动作出在线诉讼行为、口头同意、在诉讼平台确认同意、线下书面同意等。只要是当事人的真实意思表示，并可以留痕追溯，均是作出同意的有效方式。

二是关于“当事人同意”的效力范围。当事人关于是否同意在线诉讼的意思表示，原则上仅对自身产生效力。一方当事人不同意在线诉讼，不影响其他方当事人选择在线诉讼的权利，案件可以采取“半在线”方式审理。考虑到司法实践的复杂性，《规则》对调解、证据交换、询问、听证、庭审等诉讼环节作出特殊安排，明确一方当事人有权在上述诉讼环节中，要求其他方当事人线下参审，但应当提出合理理由。经人民法院审查，其理由成立的，可以将相应诉讼环节转为线下进行，便于人民法院查明事实、适用法律。

三是关于“当事人同意”后又反悔的处理。《规则》明确当事人同意适用在线诉讼后可以作出反悔，但需满足三个条件：第一，反悔应当在开展相应诉讼活动前的合理期限内提出。考虑到不同诉讼环节的准备时间存在差异，《规则》未对“合理期限”作出“一刀切”式的规定，可由各地法院具体细化或者审判组织根据案件情况确定。第二，反悔需通过申请方式提出，并经人民法院审查同意。第三，反悔不得基于恶意诉讼目的，如果能够认定当事人反悔是为了故意拖延诉讼或者增加对方当事人诉讼成本的，人民法院可以不予批准。

四是关于“当事人同意”的法律后果。《规则》第六条明确，当事人同意适用在线诉讼后，如果既不申请转为线下审理，又其他无正当理由，无故不作出相应诉讼行为或不参与在线诉讼活动的，人民法院应参照线下诉讼对应情形作出处理，以确保在线诉讼的严肃性和规范性。例如，当事人无正当理由逾期在线举证的，人民法院应当根据民事诉讼法第六十五条，《最高人民法院关于适用〈中华人民共和国民事诉讼法〉的解释》（以下简称《民事诉讼法司法解释》）第一百零二条，确定是否采纳该证据，并可予以训诫、罚款；当事人无正当理由不按时参加在线庭审或者擅自退出，视为“拒不到庭”或者“中途退庭”，人民法院可以视为撤诉或者缺席审理。

（二）案件适宜在线审理

案件是否适用在线诉讼，人民法院需要结合案件性质、特点、证据类型、社会关注度等各方面因素，综合作出判断。需要注意的是，实践中需区分考虑是所有诉讼环节均不适用在线方式，还是部分诉讼环节不宜在线开展。例如，对于涉及国家安全、国家秘密、重大涉外、涉港澳台案件，一般应当全案线下审理；而对当事人人数众多、案件疑难复杂、证据繁多、审理耗时长的案件，庭审环节一般应当在线下开展，而此类案件的立案、调解、送达等环节可以在线完成。线上线下有序融合衔接，才应当是在线诉讼的主流和常态。

（三）具备相应技术能力和条件

开展在线诉讼需以人民法院具备技术条件和当事人具备技术应用能力为前提。各级法院应当坚持实事求是，结合自身技术条件，稳妥有序推进在线诉讼，并不要求“一步到位”、追求“应上尽上”，更不能“强上硬上”。实践中，人民法院应当结合实际情况，对当事人的在线诉讼能力作出判断，综合考虑当事人年龄、职业、身体状况、知识背景、所处地域、上网条件、通讯设备、操作能力等因素，准确判断当事人是否具备参与在线诉讼的能力与条件，合理确定案件审理方式。

六、关于在线诉讼的主要程序规则

（一）身份认证规则

《规则》第七条明确了在线诉讼身份认证规则。相比线下诉讼，在线诉讼数字化、网络化的特点，更容易引发人们对诉讼主体身份真实性问题的关注，因此必须强化在线身份认证程序，实践中应注意以下三个方面。

一是在认证方式上。应当主要通过证件证照在线比对、身份认证平台认证等方式验证身份。实践中，部分法院通过对接公安部门人口信息系统，采取人脸识别方式验证身份。采取这一验证方式的，应当严格遵守国家关于人脸识别的法律法规要求，充分履行告知义务，并征得当事人明确同意。

二是在认证环节上。身份认证是在线诉讼的前提，应当在开展诉讼活动前即有效完成。身份认证时，可以同步告知在线诉讼权利义务和法律后果，征求当事人对是否同意在线诉讼及具体适用环节的意见。针对调解、证据交换、庭审等需多方参与的重要诉讼环节，应当再次认证身份，确保诉讼主体身份准确无误，诉讼行为合法有效。

三是在认证效力上。身份认证具有固定诉讼主体和诉讼行为效力的作用。初次身份认证的效力，及于之后各个诉讼环节，被认证人也因此负有妥善保管诉讼平台账户密码的义务。但是，如果能够证明存在诉讼平台系统错误或者诉讼平台账号被盗用的，“视为被认证人行为”的效力可被推翻，以充分保障当事人诉讼权利。

（二）电子材料提交规则

电子材料是开展在线诉讼的基础要素。《规则》第十一条明确了电子材料的主要类型和提交方式。从内容上看，电子材料分为诉讼文书材料和证据材料。从表现形式上看，电子材料分为三种类型：一是诉讼主体直接在电子诉讼平台中录入的电子文本，即在线填写起诉状、答辩状、代理意见、案件要素信息等。二是线下实体材料经过扫描、翻拍、转录等方式进行数字化处理后形成的材料，也被称为电子化材料。形成方式是对线下已经形成书面起诉状、答辩状、代理意见、书证等材料作电子化处理后，直接上传至诉讼平台。三是材料本身即是以电子数据形式存在的，如电子合同、网络购物表单、网络支付凭证等。如果存有上述电子数据的数据平台已对接人民法院诉讼平台，可以直接将电子数据导入诉讼平台。当事人是提交电子材料的主要义务人。如果提交电子化材料确有困难的，人民法院可以通过卷宗扫描等方式，帮助当事人将线下材料转化为电子化材料。同时，人民法院应当通过完善系统设置、细化操作指引、畅通数据传输等方式，尽可能为当事人提交电子材料提供司法便利。

（三）电子化材料的效力与审核规则

线下诉讼模式下，诉讼材料和证据材料一般要求提交原件原物，特定情形下可以提交复印件，而在线诉讼如果要求一律提交原件原物，则既不利于案件在线审理，还将加重当事人诉讼负担。因此，《规则》第十二条、第十三条明确了电子化材料“视同原件”效力及审核规则，实践中需要注意三个方面。

一是关于电子化材料“视同原件”的效力内涵。《规则》第十二条主要解决电子化材料的形式真实性问题，其效力范围仅限于当事人不必再另行提供纸质原件，并不意味着电子化材料必然具备证据能力和证明力，对证据内容的真实性、合法性、关联性问题，还需作专门判断。

二是关于电子化材料“视同原件”的限制。电子化材料“视同原件”的效力既不是当然的，也不是绝对的。首先，电子化材料需以人民法院审核通过为前提，未经法院审核不得在诉讼中直接使用。其次，电子化材料“视同原件”效力具有相应限制条件。如果存在形式真实性存疑、内容格式不够规范清晰、不符合档案管理规定等情形的，仍应当提供原件。

三是关于电子化材料的审核规则。电子化材料本身具有易篡改的特点，为确保其形式真实性，人民法院需审核电子化材料与原件原物的一致性。考虑到电子化材料审核技术性较强，审核更多需要借助外部力量和其他程序完成，具体包括：对方当事人认可、公证机构公证、先行诉讼活动确认、在线或线下比对等。需要说明的是，上述方式只是帮助审判组织审核电子化材料的指引性规则，如果审判组织认为即便采取上述举措，也不足以确保材料形式真实性的，应当要求当事人提供线下实体材料。

（四）区块链存证的效力及审查规则

在线诉讼模式下，证据的存在形态、表现形式、呈现方式等与线下诉讼模式有较大不同。《规则》第十四条至第十九条对在线诉讼证据问题作出集中规定，一方面，明确了在线证据交换方式，确立了同步和非同步两种在线证据交换的效力和程序要求；另一方面，明确了在线证据的审查认定规则。《规则》第十三条明确了在线诉讼证据审查的总体要求和法律依据。考虑到目前我国诉讼法律和相关司法解释已对电子证据审查认定作出了较为系统完备的规定，《规则》对一般性电子证据审查规则不再作重复性列举。

《规则》第十六条至第十九条对区块链存证的司法认定问题作出专门规定。近年来，公证机构、第三方存证平台等大力推广区块链技术存证，涉区块链纠纷日益增多。同时，由于效力和审核规则不明，区块链存证领域存在过度夸大区块链证据效力、误导当事人存证，以及混淆法院内部区块链技术应用与区块链存证的界限，利用法院背书等乱象，亟待予以规范。因此，《规则》进一步规范了区块链技术的司法应用，促进区块链存证行业有序发展，有效解决取证难、认证难问题。关于该问题，有四个方面需要注意。

一是关于区块链存证的性质。目前，我国诉讼法上尚无“区块链证据”这一证据类型，所以《规则》未采用这一表述，而是从技术特征角度将之描述为“通过区块链技术存储的电子数据”，其在性质上属于电子数据。需要指出的是，区块链基于自身技术特点，一般情况下并不存储电子数据内容本身，所存储的是经过加密运算所得的哈希值，并经由对哈希值的核验，判断电子数据本身是否被篡改。

二是关于区块链存证的效力。区块链技术基于自身链式数据结构、分布式存储和加密机制等技术特点，能够很大程度上保障数据上链后难以篡改，为人民法院认定证据真实性提供技术支撑。因此，《规则》第十六条明确："当事人作为证据提交的电子数据系通过区块链技术存储，并经技术核验一致的，人民法院可以认定该电子数据上链后未经篡改，但有相反证据足以推翻的除外。"该规定实际上确立了区块链存储数据的真实性推定效力，但由于区块链技术并不能确保上链存储前的数据必然是客观真实的，因此该推定规则的效力范围仅限于"上链后未经篡改"，并非直接确认区块链存储数据的完整真实性。

三是关于区块链存证的真实性审核规则。虽然区块链技术本身具有防篡改的优势和特点，但这种技术保障并非绝对的，区块链技术的底层架构、共识机制、节点数量和分布，以及存证主体的合法性、存证所依赖的软硬件系统乃至存证技术规范等因素，均可能影响上链后数据的真实性。

基于《规则》第十六条的推定规则，数据上链存储后的真实性是可推翻的，如果对方当事人提出异议，并提供证据证明或者说明理由的，人民法院应当审查数据上链后的真实性。审查内容包括存证平台的主体的合法性和妥当性、存证硬件系统的安全清洁性和可靠可用性、存证技术和过程的规范性和有效性等方面。

考虑到上述审查内容技术性较强，审判组织主要通过分配证明责任，经当事人举证质证、陈述辩论、听取专家辅助人意见、进行专业鉴定等环节和方式，综合各方意见作出判断。

四是关于上链前数据的真实性审查。区块链技术并不能保证上链存储前数据的客观真实性，若当事人提出异议，人民法院应当审查。第一，关于真实性审查的启动条件。考虑到区块链存证本身即是证据保全的一种方式，提交证据一方已完成举证和说明义务，因此，启动上链前数据真实性审查，不仅需要一方当事人提出异议，还应当要求其提供证据证明或说明理由。人民法院也可以根据案件情况主动进行真实性审查。第二，关于数据真实性审查的内容和方式。结合电子数据真实性审查的一般规定以及区块链技术存储的特点，审判组织应当着重审查数据的具体来源、生成机制和存储过程，是否有公证机构公证、第三方见证等程序保障，以及能否有关联数据或证据与之印证。第三，关于证明责任分配。当事人对上链前数据真实性提出异议，并提供证据或者说理由的，人民法院应当将证明责任分配给提供区块链存储数据的一方当事人，由数据持有方提供证据证明或说明证据的真实性，不能有效证明或者作出合理说明的，由其承担不利法律后果。

（五）非同步审理机制

《规则》第二十条规定，“经各方当事人同意，人民法院可以指定当事人在一定期限内，分别登录诉讼平台，以非同步的方式开展调解、证据交换、调查询问、庭审等诉讼活动”，首次确认了“非同步审理”机制效力，明确了“非同步审理”机制的适用环节、条件、方式和限制条件。实践中需要注意以下三个问题。

一是关于“非同步审理”的含义。“非同步审理”是将原来需要各方诉讼主体在同一时空共同完成的诉讼活动，由各方诉讼主体依托诉讼平台，在一定时间范围内分别完成，并统一汇集至诉讼平台，利用信息技术可记录留痕、可查询追溯的特点，打破时空限制，提供诉讼便利。“非同步审理”不等于“书面审理”，在线提交书面材料或录入相关信息只是其中一种方式，根据相关诉讼环节的需要，也可以采取音频、视频等方式完成“非同步审理”。

二是关于非同步审理的条件。“非同步审理”虽然具有低成本、便捷性方面的优势，但是在审理的效率性、互动性上有所欠缺，实践中应当以同步审理为主，非同步审理为辅，一般适用于当事人不便集中参与诉讼活动，或者人民法院司法资源紧张的情况。由于非同步审理方式涉及各方当事人程序利益，应当以各方当事人均同意为前提。同时，人民法院具有采取“非同步审理”方式的决定权，应当根据当事人需求、案件情况、审理进程等因素综合确定。

三是关于非同步庭审的适用。“非同步庭审”是在特定情形下的一种特殊庭审形式，需要严格把握适用条件、范围和方式。在适用条件上，需以同步庭审确有困难，当事人主动申请且各方当事人均同意，案件的主要事实和证据不存在争议为前提条件。在适用范围上，限于小额诉讼程序或者民事、行政简易程序案件。适用方式上，需通过录制视频方式，按照庭审程序环节进行，不得采取书面方式审理。

（六）在线庭审规则

在线庭审是在线诉讼的核心环节。《规则》第二十一条至第二十七条对在线庭审的适用情形、庭审活动、庭审纪律、庭审公开、证人出庭等问题作出了全面系统的规定。实践中，需重点把握以下四个方面。

一是关于在线庭审适用情形。《规则》调整了《民事诉讼法司法解释》关于在线庭审仅限于简易程序案件的规定，原则上其可适用于各类适宜线上审理的民事、行政案件以及刑事速裁程序案件。《规则》在积极拓展在线庭审适用范围的同时，也严格规范适用的情形，明确了不适用在线庭审的七种情形，主要包括：当事人主观上不愿意、客观条件不具备、案件本身不适宜三种类型。在线庭审适用应当以便利当事人诉讼、便于案件审理为原则，实践中需坚持“当用则用”，并非“能用尽用”，庭审方式应当服务于案件审理的质量和效果。

二是关于在线庭审方式和程序。《规则》所指的在线庭审，既包括各方诉讼主体均在线参与庭审，也包括部分当事人在线，部分当事人在线下的庭审形式。在线庭审必须在诉讼平台上进行，采取视频方式开庭，而不得采取电话、书面等方式。在线庭审的程序应当依照法律和司法解释确定的诉讼环节和程序进行，总体上与线下庭审程序相一致，并应当充分保障当事人各项诉讼权利，不得因庭审方式的不同而减损当事人诉讼权利。

三是关于在线庭审纪律。在线庭审应确保庭审活动的庄重严肃性。一方面，在线庭审应当遵守《人民法院法庭规则》的相关规定，线下庭审中的纪律性要求、禁止性规定和行为规范，对在线庭审同样适用；另一方面，《规则》结合在线庭审的特点，对庭审纪律作出特殊规定。对于非因技术等客观原因，当事人不参加庭审或者擅自退出的，可视为"拒不到庭"或者"中途退庭"，并按相关情形处理。需要注意的是，考虑到在线庭审易受到技术因素影响，当出现不按时到庭、脱离庭审画面、庭审音频及视频静止等情形时，不宜直接认定违反庭审纪律，人民法院有必要先作出提示、警告，要求其说明理由。

四是关于证人在线出庭。我国诉讼法律及相关司法解释均规定，证人作证应当出庭，特定情形下证人可以采取视听传输技术方式作证。在线诉讼模式下，证人在线出庭也属于出庭作证的一种形式，关键是要解决证人不得旁听案件和不受他人诉讼指挥的问题。因此，《规则》第二十六条规定，"证人通过在线方式出庭的，人民法院应当通过指定在线出庭场所、设置在线作证室等方式，保证其不旁听案件审理和不受他人干扰"。在目前技术条件下，尽管不能完全赋予证人自由选择在线出庭场所的权利，但可以通过指定相对便利的在线出庭场所，解决在线出庭时证人中立性问题。例如，实践中部分法院与街道、社区合作建设专门的在线庭审工作室、证人作证室等，未来还可以探索证人就近选择人民法院数字法庭在线出庭作证。

（七）电子送达规则

《规则》第二十九条至第三十二条明确了电子送达的总体机制、适用条件、适用范围和生效标准等。实践中需把握好以下四个方面。

一是关于电子送达的适用条件。《规则》坚持以"当事人同意"作为电子送达的前提，同时对“同意”的方式予以拓展，建立了电子送达“默示同意”规则，将同意扩展至事前的约定、事中的行为和事后的认可，在充分保障当事人诉讼权利基础上，鼓励和引导当事人选择电子送达，稳妥有序扩大电子送达的适用。

二是关于电子送达适用文书范围。电子送达的文书范围应该严格遵守现行法律规定，除经全国人大常委会授权开展民事诉讼程序繁简分流改革试点的法院外，其他法院尚不能电子送达判决书、裁定书、调解书。目前，最高人民法院正根据试点情况，积极推进民事诉讼法修改工作。各地法院需根据修法情况，在有明确法律依据之后，才能电子送达裁判文书。

三是关于电子送达的主要方式和平台载体。为确保电子送达规范性和便捷性相统一，《规则》明确了电子送达发出端应当是人民法院统一的送达平台，确保送达过程可查询、可验证、可追溯，形成有效的电子送达凭证。电子送达的到达端可以是多样化的电子地址，包括受送达人的电子邮件、即时通讯账号、诉讼平台的专用账号等。

实践中要注意避免分散和多头送达，同一内容材料原则上只应采取一种送达方式，以便确定送达生效时间，便于当事人行使后续诉讼权利。《规则》同时明确了人民法院电子送达的附随职责，适用电子送达后应尽量通过短信、电话、即时通讯工具等方式作出提示和通知，以充分保障当事人知情权，提升电子送达有效率。

四是关于电子送达的生效标准。《规则》明确了两种送达生效标准和情形：对于当事人主动提供或确认的电子地址，采取“到达主义”；对于人民法院向主动获取的受送达人电子地址进行送达的，采取“收悉主义”。关于“收悉主义”的适用，首先，应把握“收悉主义”的两个适用条件：一是需满足当事人已同意适用电子送达，只是未提供有效电子送达地址或者提供的地址有错误；二是应当向能够确认为受送达人本人的电子地址送达，如经过实名认证的、曾经完成过有效送达的、近期内活跃使用的电子地址等。人民法院对此应有一个查明和判断过程，而非向任意一个可获取的电子地址送达。其次，应把握“收悉主义”的送达生效时间。既然采取“收悉”主义，就不宜再将“到达特定系统”作为送达生效时间，而应当以“确认收悉”的时间点作为标准。具体包括：回复收悉时间、作出相应诉讼行为时间、系统反馈已阅知时间。上述时间点均存在时，应当以最先发生的时间作为送达生效时间，这种判断标准既符合受送达人接受信息的客观状况，也有利于及时确定送达效力，开展后续审判工作。

七、关于妨害在线诉讼的处罚

《规则》第二十八条集中规定了违反在线诉讼程序要求，实施妨害在线诉讼行为的处罚规则。在主观方面，行为人应当存在故意，即在知道或者应当知道相关禁止性要求，或者在人民法院提示、警告后仍不改正的。在客观方面，行为人主要是违反了《规则》关于在线调解、在线庭审环境、在线庭审纪律、证人在线出庭、在线庭审公开的相关禁止性要求，存在披露传播调解过程和内容、扰乱庭审秩序、证人旁听案件庭审、违法违规录制传播庭审过程等行为。在处罚依据上，上述行为均应视为妨害诉讼的行为，按照诉讼法律和司法解释的相关规定，根据情节轻重，处以训诫、责令退出法庭、罚款、拘留等处罚，构成犯罪的，依法追究刑事责任。

八、关于刑事案件在线审理

《规则》充分考虑到刑事案件的特殊性，针对刑事案件在线诉讼的适用条件、适用环节、庭审要求等方面作出专门规定。在适用条件上，人民法院对符合《规则》第三条第二项规定的刑事案件，在征得公诉人、当事人、辩护人同意的基础上，可以采取在线方式审理。刑事案件与民事、行政案件存在一定差异，除当事人外，作为控方的公诉人和具有独立诉讼权利的辩护人均是重要的诉讼主体，享有相应的程序利益，因此适用在线诉讼应当征得其同意。在适用环节上，刑事案件在线审理主要适用于讯问被告人、开庭审理、宣判环节。《规则》关于立案、证据交换、证据认定、送达、签名等诉讼活动的规定，原则上均不适用于刑事案件。在庭审要求上，《规则》区分被告人、罪犯是否在押的不同情形，分别明确在线出庭的具体场所和方式。刑事案件的诉讼主体原则上不得在非指定场所以外的地点在线出庭，以确保刑事案件在线审理的规范性、严肃性和可操作性。

九、关于在线数据信息保护

在线诉讼需高度重视和防范数据信息安全风险。因此，《规则》对在线诉讼数据信息保护作出专门规定，总体上确立了人民法院对在线诉讼数据信息的权利主体地位，明确了各方主体对在线诉讼数据信息的保护义务和责任追究的法律依据，切实加大对数据安全和个人信息保护力度，保障在线诉讼安全、规范、有序运行。

十、关于《规则》的效力范围

《规则》印发前，最高人民法院部分司法解释、司法指导性文件已有关于在线庭审、电子化材料提交、电子送达等方面的规定。《规则》结合审判工作实际，优化完善了上述规定。因此，之前印发的司法解释、司法指导性文件中的在线诉讼规定与《规则》不一致的，应当以《规则》为准。

需要明确的是，案件适用在线诉讼的，可依据《规则》调整适用《民事诉讼法司法解释》《最高人民法院关于民事诉讼证据的若干规定》（以下简称《民事证据规定》）的部分规定，具体包括：《民事诉讼法司法解释》第一百一十一条第一款、第一百三十六条、第一百三十九条，《民事证据规定》第十一条、第六十一条。《规则》与《互联网法院司法解释》之间不存在替代关系，《互联网法院司法解释》继续有效，但《规则》对《互联网法院司法解释》相关规定作了进一步细化调整的，互联网法院应当适用《规则》的规定。

最高人民法院

关于知识产权侵权诉讼中被告以原告滥用权利为由请求赔偿合理开支问题的批复

法释〔2021〕11号

（2021年5月31日最高人民法院审判委员会第1840次会议通过
2021年6月3日最高人民法院公告公布
自2021年6月3日起施行）

上海市高级人民法院：

你院《关于知识产权侵权诉讼中被告以原告滥用权利为由请求赔偿合理开支问题的请示》（沪高法〔2021〕215号）收悉。经研究，批复如下：

在知识产权侵权诉讼中，被告提交证据证明原告的起诉构成法律规定的滥用权利损害其合法权益，依法请求原告赔偿其因该诉讼所支付的合理的律师费、交通费、食宿费等开支的，人民法院依法予以支持。被告也可以另行起诉请求原告赔偿上述合理开支。

最高人民法院

印发《关于修改〈最高人民法院关于司法解释工作的规定〉的决定》的通知

2021 年 6 月 9 日　　　　　　　　　　　　　法发〔2021〕20 号

各省、自治区、直辖市高级人民法院，解放军军事法院，新疆维吾尔自治区高级人民法院生产建设兵团分院；本院各单位：

《最高人民法院关于修改〈最高人民法院关于司法解释工作的规定〉的决定》已于 2021 年 6 月 8 日经最高人民法院审判委员会第 1841 次会议通过，现印发给你们，请遵照执行。

最高人民法院

关于修改《最高人民法院关于司法解释工作的规定》的决定

（2021 年 6 月 8 日最高人民法院审判委员会第 1841 次会议通过
自 2021 年 6 月 16 日起施行）

根据审判执行工作的需要，经最高人民法院审判委员会第 1841 次会议决定，对《最高人民法院关于司法解释工作的规定》作如下修改：

将第六条第一款修改为："司法解释的形式分为'解释'、'规定'、'规则'、'批复'和'决定'五种。"

在第六条第三款之后增加一款作为第四款："对规范人民法院审判执行活动等方面的司法解释，可以采用'规则'的形式。"

原第六条第四款、第五款作为第六条第五款、第六款。

本决定自2021年6月16日起施行。

根据本决定，《最高人民法院关于司法解释工作的规定》作相应修改后重新公布。

附：

最高人民法院
关于司法解释工作的规定

（2006年12月11日最高人民法院审判委员会第1408次会议通过，自2007年4月1日起施行。根据2021年6月8日最高人民法院审判委员会第1841次会议通过的《最高人民法院关于修改〈最高人民法院关于司法解释工作的规定〉的决定》修正，该决定自2021年6月16日起施行）

一、一般规定

第一条 为进一步规范和完善司法解释工作，根据《中华人民共和国人民法院组织法》、《中华人民共和国各级人民代表大会常务委员会监督法》和《全国人民代表大会常务委员会关于加强法律解释工作的决议》等有关规定，制定本规定。

第二条 人民法院在审判工作中具体应用法律的问题，由最高人民法院作出司法解释。

第三条 司法解释应当根据法律和有关立法精神，结合审判工作实际需要制定。

第四条 最高人民法院发布的司法解释，应当经审判委员会讨论通过。

第五条 最高人民法院发布的司法解释，具有法律效力。

第六条 司法解释的形式分为“解释”、“规定”、“规则”、“批复”和“决定”五种。

对在审判工作中如何具体应用某一法律或者对某一类案件、某一类问题如何应用法律制定的司法解释，采用“解释”的形式。

根据立法精神对审判工作中需要制定的规范、意见等司法解释，采用“规定”的形式。

对规范人民法院审判执行活动等方面的司法解释，可以采用“规则”的形式。

对高级人民法院、解放军军事法院就审判工作中具体应用法律问题的请示制定的司法解释，采用“批复”的形式。

修改或者废止司法解释，采用“决定”的形式。

第七条 最高人民法院与最高人民检察院共同制定司法解释的工作，应当按照法律规定和双方协商一致的意见办理。

第八条 司法解释立项、审核、协调等工作由最高人民法院研究室统一负责。

二、立项

第九条 制定司法解释，应当立项。

第十条 最高人民法院制定司法解释的立项来源：

（一）最高人民法院审判委员会提出制定司法解释的要求；

（二）最高人民法院各审判业务部门提出制定司法解释的建议；

（三）各高级人民法院、解放军军事法院提出制定司法解释的建议或者对法律应用问题的请示；

（四）全国人大代表、全国政协委员提出制定司法解释的议案、提案；

（五）有关国家机关、社会团体或者其他组织以及公民提出制定司法解释的建议；

（六）最高人民法院认为需要制定司法解释的其他情形。

基层人民法院和中级人民法院认为需要制定司法解释的，应当层报高级人民法院，由高级人民法院审查决定是否向最高人民法院提出制定司法解释的建议或者对法律应用问题进行请示。

第十一条　最高人民法院审判委员会要求制定司法解释的，由研究室直接立项。

对其他制定司法解释的立项来源，由研究室审查是否立项。

第十二条　最高人民法院各审判业务部门拟制定“解释”、“规定”类司法解释的，应当于每年年底前提出下一年度的立项建议送研究室。

研究室汇总立项建议，草拟司法解释年度立项计划，经分管院领导审批后提交审判委员会讨论决定。

因特殊情况，需要增加或者调整司法解释立项的，有关部门提出建议，由研究室报分管院领导审批后报常务副院长或者院长决定。

第十三条　最高人民法院各审判业务部门拟对高级人民法院、解放军军事法院的请示制定批复的，应当及时提出立项建议，送研究室审查立项。

第十四条　司法解释立项计划应当包括以下内容：立项来源，立项的必要性，需要解释的主要事项，司法解释起草计划，承办部门以及其他必要事项。

第十五条　司法解释应当按照审判委员会讨论通过的立项计划完成。未能按照立项计划完成的，起草部门应当及时写出书面说明，由研究室报分管院领导审批后提交审判委员会决定是否继续立项。

三、起草与报送

第十六条 司法解释起草工作由最高人民法院各审判业务部门负责。

涉及不同审判业务部门职能范围的综合性司法解释，由最高人民法院研究室负责起草或者组织、协调相关部门起草。

第十七条 起草司法解释，应当深入调查研究，认真总结审判实践经验，广泛征求意见。

涉及人民群众切身利益或者重大疑难问题的司法解释，经分管院领导审批后报常务副院长或者院长决定，可以向社会公开征求意见。

第十八条 司法解释送审稿应当送全国人民代表大会相关专门委员会或者全国人民代表大会常务委员会相关工作部门征求意见。

第十九条 司法解释送审稿在提交审判委员会讨论前，起草部门应当将送审稿及其说明送研究室审核。

司法解释送审稿及其说明包括：立项计划、调研情况报告、征求意见情况、分管副院长对是否送审的审查意见、主要争议问题和相关法律、法规、司法解释以及其他相关材料。

第二十条 研究室主要审核以下内容：

（一）是否符合宪法、法律规定；

（二）是否超出司法解释权限；

（三）是否与相关司法解释重复、冲突；

（四）是否按照规定程序进行；

（五）提交的材料是否符合要求；

（六）是否充分、客观反映有关方面的主要意见；

（七）主要争议问题与解决方案是否明确；

（八）其他应当审核的内容。

研究室应当在一个月内提出审核意见。

第二十一条 研究室认为司法解释送审稿需要进一步修改、论证或者协调的，应当会同起草部门进行修改、论证或者协调。

第二十二条 研究室对司法解释送审稿审核形成草案后，由起草部门报分管院领导和常务副院长审批后提交审判委员会讨论。

四、讨论

第二十三条 最高人民法院审判委员会应当在司法解释草案报送之次日起三个月内进行讨论。逾期未讨论的，审判委员会办公室可以报常务副院长批准延长。

第二十四条 司法解释草案经审判委员会讨论通过的，由院长或者常务副院长签发。

司法解释草案经审判委员会讨论原则通过的，由起草部门会同研究室根据审判委员会讨论决定进行修改，报分管副院长审核后，由院长或者常务副院长签发。

审判委员会讨论认为制定司法解释的条件尚不成熟的，可以决定进一步论证、暂缓讨论或撤销立项。

五、发布、施行与备案

第二十五条 司法解释以最高人民法院公告形式发布。

司法解释应当在《最高人民法院公报》和《人民法院报》刊登。

司法解释自公告发布之日起施行，但司法解释另有规定的除外。

第二十六条 司法解释应当自发布之日起三十日内报全国人民代表大会常务委员会备案。

备案报送工作由办公厅负责，其他相关工作由研究室负责。

第二十七条 司法解释施行后，人民法院作为裁判依据的，应当在司法文书中援引。

人民法院同时引用法律和司法解释作为裁判依据的，应当先援引法律，后援引司法解释。

第二十八条 最高人民法院对地方各级人民法院和专门人民法院在审判工作中适用司法解释的情况进行监督。上级人民法院对下级人民法院在审判工作中适用司法解释的情况进行监督。

六、编纂、修改、废止

第二十九条 司法解释的编纂由审判委员会决定，具体工作由研究室负责，各审判业务部门参加。

第三十条 司法解释需要修改、废止的，参照司法解释制定程序的相关规定办理，由审判委员会讨论决定。

第三十一条 本规定自 2007 年 4 月 1 日起施行。1997 年 7 月 1 日发布的《最高人民法院关于司法解释工作的若干规定》同时废止。

最高人民法院行政诉讼法司法解释理解与适用

（第八十二条至第八十四条）

最高人民法院行政审判庭

第八十二条　当事人之间恶意串通，企图通过诉讼等方式侵害国家利益、社会公共利益或者他人合法权益的，人民法院应当裁定驳回起诉或者判决驳回其请求，并根据情节轻重予以罚款、拘留；构成犯罪的，依法追究刑事责任。

【条文主旨】

本条是关于对当事人恶意诉讼如何处理的规定。

【起草背景】

本条借鉴了民事诉讼法第一百一十二条的规定。

【条文释义】

一、虚假诉讼的构成要件

通常所说的虚假诉讼，有广义和狭义之分。狭义上的虚假诉讼是指当事人之间恶意串通，企图通过诉讼等方式侵害国家利益、社会公共利益或者他人合法权益的行为。广义上的虚假诉讼还包括单方伪造证据、故意将被告拖入诉讼等情形。本条规范的是狭义上的虚假诉讼。符合本条规定的虚假诉讼应当满足下列构成要件：

（一）当事人恶意串通

当事人恶意串通是构成虚假诉讼的主观要件。说明当事人合谋故意实施虚假诉讼的行为，双方当事人有着共同的目的，明知进行虚假诉讼将会损害国家利益、社会公共利益或者他人合法权益仍然实施。在司法实践中，当事人的主观状态难以直接证明，只能通过他们实施的客观行为来推定，如伪造证据、倒签协议等。

（二）通过诉讼等方式

当事人恶意串通侵害国家利益、社会公共利益或者他人合法权益的表现形式多种多样，本条所规制的是通过诉讼等方式侵害国家利益、社会公共利益或者他人合法权益的行为。诉讼具有国家性、法律性、程序性、强制性等特征。本条规定的虚假诉讼，本质上是一个原本并不存在的诉讼，而是当事人将严肃的带有国家强制性的司法审判程序作为侵害案外人合法权益的一种手段。利用人民法院主持下的诉讼中调解活动，侵害国家利益、社会公共利益或者他人合法权益的，亦适用本条规定。

（三）侵害国家利益、社会公共利益或者他人合法权益

侵害国家利益、社会公共利益或者他人合法权益是当事人实施虚假诉讼行为的最终目的。此处的“他人”可能是特定的案外人，也可能是非特定的案外人。“合法权益”既包括物权，也包括债权、知识产权等法律保护的权益。

二、当事人实施虚假诉讼的法律责任

根据本条规定，人民法院可以采取的措施有：

（一）裁定驳回起诉或判决驳回诉讼请求

虚假诉讼的证据是伪造的，其所要证明的事实并不存在，在此基础上的所谓的诉讼请求也是不成立的。当事人进行虚假诉讼是为了以判决或者调解书的形式确认原本并不存在的权利义务关系，裁定驳回起诉或判决驳回诉讼请求，可以阻止其实现非法目的。

（二）罚款、拘留

本条规定的罚款、拘留，是指法院实施的对妨害行政诉讼的人采取的强制措施，是一种司法行政行为。当事人捏造事实，伪造证据，虚构权利义务关系，侵害国家利益、社会公共利益或者他人合法权益，将司法权作为其实现非法目的的手段，严重干扰了法院正常的审判秩序。根据本条规定，除驳回起诉或诉讼请求外，法院还应当根据情节轻重予以罚款、拘留。参照民事诉讼法第一百一十五条规定，对个人的罚款金额，为人民币十万元以下；对单位的罚款金额，为人民币五万元以上一百万元以下；拘留期限为十五日以下。

（三）依法追究刑事责任

当事人进行虚假诉讼，除了需要承担民事责任、司法行政责任外，满足刑事犯罪构成要件的，还应当依法承担刑事责任。根据虚假诉讼的目的和手段不同，可能涉及多项罪名，如，为提起虚假诉讼或者在虚假诉讼过程中，指使他人提供虚假的物证、书证、陈述、证言、鉴定结论

等伪证，或者指使参与伪造证据的，可以按照妨害作证罪、帮助伪造证据罪处理；当事人以非法占有为目的，进行虚假诉讼，骗取公私财物的，可以按照诈骗罪处理；公司、企业或者其他单位人员利用职务便利，进行虚假诉讼，侵吞本单位财物的，可以根据单位的不同性质分别按照职务侵占罪、贪污罪处理等。[①]

【实务指导】

人民法院应根据《保护和规范当事人行使诉权意见》规定，依法制止滥用诉权、恶意诉讼等行为。滥用诉权、恶意诉讼消耗行政资源，挤占司法资源，影响公民、法人和其他组织诉权的正常行使，损害司法权威，阻碍法治进步。对于以危害国家主权和领土完整、危害国家安全、破坏国家统一和民族团结、破坏国家宗教政策为目的的起诉，人民法院依法不予立案；对于极个别当事人不以保护合法权益为目的，长期、反复提起大量诉讼，滋扰行政机关，扰乱诉讼秩序的，人民法院依法不予立案。在认定滥用诉权、恶意诉讼的情形时，应当从严掌握标准，要从当事人提起诉讼的数量、周期、目的以及是否具有正当利益等角度，审查其是否具有滥用诉权、恶意诉讼的主观故意。对于属于滥用诉权、恶意诉讼的当事人，要探索建立有效机制，依法及时有效制止。

（阎巍撰写）

第八十三条　行政诉讼法第五十九条规定的罚款、拘留可以单独适用，也可以合并适用。

对同一妨害行政诉讼行为的罚款、拘留不得连续适用。发生新的妨害行政诉讼行为的，人民法院可以重新予以罚款、拘留。

① 全国人大常委会法制工作委员会民法室编著：《〈中华人民共和国民事诉讼法〉释解与适用》，人民法院出版社2012年版，第181～183页。

【条文主旨】

本条是关于对妨害行政诉讼行为适用罚款、拘留的规定。

【起草背景】

在行政诉讼过程中，当事人或其他诉讼参与人可能会实施妨害诉讼正常进行的行为，这在学理上被称为"诉讼障碍"。根据行政诉讼法第五十九条的规定，对制造"诉讼障碍"的行为人可以采取训诫、责令具结悔过、罚款、拘留等强制措施。这些强制措施的运用，对于保障行政诉讼的顺利进行、增强公民的法治意识、维护司法权威等具有十分重要的作用。

随着我国经济的快速发展，理论界和实务界均认为我国行政诉讼法和民事诉讼法中原来规定的罚款数额所体现的惩罚力度和威慑作用已不能适应形势的发展需要。例如，在一些标的额较大的案件中，罚款与行为人因实施妨害诉讼行为而获得的利益以及所造成的后果和不良影响不成比例，难以起到通过罚款保障诉讼活动和执行工作顺利进行的效果。[①] 在我国民事诉讼中，罚款的数额经过了数次调整。按照1982年民事诉讼法（试行）的规定，罚款上限为二百元，没有设置下限，且不区分被罚款的主体是单位还是个人。随后的1991年民事诉讼法将罚款的上限提高，并分别规定对个人和单位的罚款金额，同时对单位规定了罚款的下限，即对个人的罚款金额为人民币一千元以下，对单位的罚款金额为人民币一千元以上三万元以下。2007年修改民事诉讼法时，将罚款金额提高了十倍，即对个人的罚款金额为人民币一万元以下，对单位的罚款金额为人民币一万元以上三十万元以下。2012年修改民事诉讼法时再次修改了罚款的上限，即在第一百一十五条第一款规定对个人的罚款金额为人民币十万元以下，对单位的罚款金额为人民币五万元以

① 参见杜万华等主编：《最高人民法院民事诉讼法司法解释适用解答》，人民法院出版社2015年版，第243页。

上一百万元以下。在行政诉讼中，罚款的数额也经过了一次调整。1989 年行政诉讼法第四十九条规定了对实施妨害行政诉讼行为的诉讼参与人或其他人的罚款金额为一千元以下，且没有规定下限。为了增加罚款的力度和威慑作用，2014 年行政诉讼法把“处一千元以下的罚款”修改为“处一万元以下的罚款”，但亦没有规定下限。

【条文释义】

罚款是指人民法院对实施妨害行政诉讼行为的人，强制其缴纳一定数额的金钱的一种强制措施，它不同于刑法中的罚金。作为一种司法强制措施，罚款的对象主要是针对实施了妨害行政诉讼行为的人，而罚金是一种刑罚措施，是针对实施了犯罪行为的人。对于罚款的程序，司法实践中的做法是，一般先由合议庭提出意见，报人民法院院长批准，并制作罚款决定书，然后送达被罚款人。对于罚款的金额，人民法院可以根据行为人所实施的妨害行为的性质、损害后果、主观过错以及经济状况予以决定。被罚款人如果对罚款决定不服，可以向上一级人民法院申请复议一次，但复议期间不停止对罚款的执行。拘留又称司法拘留，是指人民法院对实施妨害行政诉讼行为的人所采取的，在一定期限内限制其人身自由的一种强制措施。在所有的行政诉讼强制措施当中，拘留是最为严厉的一种，其主要针对妨害行为性质严重、主观恶性大而认错态度又不好、影响恶劣、危害较大且可能继续作出妨害诉讼行为等情节的人。对于拘留的程序，一般也是先由合议庭提出意见，报人民法院院长批准，并制作拘留决定书，然后由司法警察将被拘留人送交当地公安机关看管。被拘留人如果对拘留决定不服，可以向上一级人民法院申请复议一次，但复议期间不停止拘留决定的执行。

本条第一款是指如果当事人或者其他诉讼参与人实施了行政诉讼法第五十九条规定的行为之一的，人民法院可以对实施单位的主要负责人或者直接责任人员予以罚款、拘留。这些行为包括：有义务协助调查、执行的人，对人民法院的协助调查决定、协助执行通知书，无故推拖、拒绝或者妨碍调查、执行的；伪造、隐藏、毁灭证据或者提供虚假证明材料，妨碍人民法院审理案件的；指使、贿买、胁迫他人作伪证或者威胁、阻止证人作证的；隐藏、转移、变卖、毁损已被查封、扣押、冻结的财产的；以欺骗、胁迫等非法手段使原告撤诉的；以暴力、威胁或者其他方法阻碍人民法院工作人员执行职务，或者以哄闹、冲击法庭等方法扰乱人民法院工作秩序的；对人民法院审判人员或者其他工作人员、诉讼参与人、协助调查和执行的人员恐吓、侮辱、诽谤、诬陷、殴打、围攻或者打击报复的。人民法院既可以对实施上述行为的单位主要负责人或者直接责任人员单独予以罚款，也可以单独予以拘留，还可以既予以罚款又予以拘留，即合并适用。当然，正如前述，由于拘留是一种最为严厉的行政诉讼强制措施，应当慎用。而合并适用罚款、拘留，针对的是更为严重的妨害行政诉讼的行为，应该慎之又慎。

本条第二款体现了“一事不再罚”的原则。行政处罚法第二十四条规定：“对当事人的同一个违法行为，不得给予两次以上罚款的行政处罚。”该条可以说明确规定了“一事不再罚”原则，虽然从条文字面意义上来看仅适用于罚款。“一事不再罚”原则解决的是行政实践中多头处罚与重复处罚的问题。该原则具体包括以下内涵：（1）行为人的一个行为同时违反了两个以上法律、法规的规定，可以给予两次以上的处罚，但如果是罚款，则只能处罚一次；（2）行为人的一个行为，违反一个法律、法规的规定，该法律、法规同时规定处罚机关可以并处两种处罚，如可以没收并处罚款、吊销营业执照并处罚款、拘留并处罚款等，这种并处并不违反“一事不再罚”原则；（3）违法行为构成犯罪的，在依法追究行为人刑事责任的同时，依法应予行政处罚的仍应处罚。如科处刑罚不影响行政机关实施吊销营业执照的行政处罚，但人民法院对自然人判处拘役或者有期徒刑时，行政机关已经给予当事人行政拘留的，应当依法折抵相应刑期。人民法院判处罚金时，行政机关已经给予当事人罚款处罚的，应当折抵相应罚金。[①] 我们认为，在行政诉讼中，如果当事人或其他诉讼参与人只实施了一次妨害行政诉讼的行为，如开庭时冲击法庭、殴打审判人员，那么其只应受到一次处罚，而不能予以多次罚款、拘留。也就是说，对于行为人在某一时间、某一地点实施了妨害行政诉讼的行为，罚款、拘留不得连续适用。但如果行为人在实施这次妨害行政诉讼行为后，又在其他的时间[②]、地点或者在同一地点实施了新的妨害行政诉讼行为的，则可以重新对其予以罚款、拘留。

【实务指导】

对于我国现行行政诉讼中的罚款制度，有人认为存在以法院院长控制为特色的典型的行政化倾向，而行政化特点的另外一种表述就是严重的非诉讼化。故建议将罚款的决定权下放给承办法官或者审判案件的合议庭。[③] 但由于法律和有关司法解释并没有就妨害行为的类型、程度与具体罚款金额之间的对应关系作出明确的指引和说明，适用中可能会出现随意性过大、畸轻畸重等情况。故人民法院或者承办法官、审判案件的合议庭在确定罚款金额时，应当根据行为人实施妨害行政诉讼行为的性质、情节、后果，当地的经济发展水平以及诉讼标的额等因素，在行政诉讼法规定的幅度内确定相应的罚款金额。[④]

另外在审判实践中，特别是在执行程序中要注意防止以拘代执，对于不履行执行义务的被执行人连续适用拘留措施有悖于本条规定的精神。如果被执行人有履行能力而拒不履行执行义务，在人民法院采取罚

① 参见姜明安：《行政法》，北京大学出版社2017年版，第347页。

② 对此，在理论上和实践中存在不同的理解。如北京市公安交通管理部门对于违反“尾号限行”规定的车辆改变“一日不二罚”的惯例，超过3个小时的间隔即进行连续处罚，就引起了法律上的讨论。转引自何海波：《行政诉讼法》，法律出版社2011年版，第277页。

③ 参见张卫平主编：《最高人民法院民事诉讼法司法解释要点解读》，中国法制出版社2015年版，第152页。

④ 参见杜万华等主编：《最高人民法院民事诉讼法司法解释适用解答》，人民法院出版社2015年版，第243~244页。

款、拘留等强制措施后依然拒不执行构成犯罪的，人民法院应依法追究其刑事责任。[①]

（谭红撰写）

第八十四条　人民法院审理行政诉讼法第六十条第一款规定的行政案件，认为法律关系明确、事实清楚，在征得当事人双方同意后，可以迳行调解。

【条文主旨】

本条是关于行政诉讼迳行调解制度的规定。

【起草背景】

本条为新增加内容。行政诉讼法第六十条第一款规定："人民法院审理行政案件，不适用调解。但是，行政赔偿、补偿以及行政机关行使法律、法规规定的自由裁量权的案件可以调解。"此条规定确定了人民法院审理行政案件可以有限适用调解。关于调解的程序，行政诉讼法未作规定。根据该法第一百零一条的规定，适用民事诉讼法的相关规定。

调解制度在民事诉讼领域一直发挥着十分重要的作用。民事诉讼法及其司法解释中有较多关于调解制度的规定。最高人民法院 1992 年 7 月 14 日发布的《最高人民法院关于适用〈中华人民共和国民事诉讼法〉若干问题的意见》第 91 条规定："人民法院受理案件后，经审查，认为法律关系明确、事实清楚，在征得当事人双方同意后，可以迳行调解。"这是我国法律关于迳行调解制度的明确规定。该意见于 2015 年 2 月 4 日废止，同日施行的《民诉解释》第一百四十二条保留了迳行调解制度。对于人民法院而言，征得当事人双方同意后，通过迳行调解制度解决一些法律关系明确、事实清楚的案件，有利于纠纷的实质化解。

① 参见沈德咏主编：《最高人民法院民事诉讼法司法解释理解与适用》（上），人民法院出版社 2015 年版，第 511 页。

行政诉讼法脱胎于民事诉讼法，民事诉讼法及其司法解释的很多程序性规定都可以适用于行政诉讼程序。但是，并不是所有的规定都可以适用于行政诉讼。尤其是行政诉讼能否适用调解经历了从明文禁止到有限适用的过程，目前还处于探索阶段，有必要在司法解释中对相关内容予以明确。在可以适用调解的行政案件范围内，可进一步分为需要经过法庭调查辩论后调解的案件和可以不经法庭调查辩论直接进行调解的案件。实践中，哪些案件可以不经当事人举证、质证、法庭调查、辩论而迳行调解，是需要予以明确的。

【条文释义】

本条规定了迳行调解制度的三个前提条件。

一、法律关系明确

法律关系是法律规范在调整社会关系的过程中所形成的人们之间的权利义务关系。法律关系明确，即权利义务关系明确，是指人民法院能明确区分谁是责任的承担者，谁是权利的享有者。在行政诉讼中，在行政行为合法性已有明确结论，或者行政法上的权利义务关系明确的情况下，才能认为法律关系明确。

人民法院的审判活动，就是要对法律关系进行厘清。只有诉讼参加人之间的权利义务关系基本明确，法院无须就主体、客体及相关内容在法律规范与事实之间详加审查，才有迳行调解的可能。法律关系明确，是“以法律为依据”的司法基本原则的要求和体现。

二、事实清楚

事实清楚是指当事人对争议的事实陈述基本一致，并能提供相应的证据，无须人民法院调查收集证据即可查明事实。事实清楚，是“以事实为准绳”的司法基本原则的要求和体现。

迳行调解制度必须建立在事实清楚的基础上，否则法院调解工作便成了“和稀泥”。尤其是行政诉讼中，法官需要对行政行为是否合法进行明确判断，不能为了减轻讼累、提高效率而滥用调解。事实清楚并不要求全部事实完全清楚，只要人民法院在全面审核当事人提交的证据后对争议事实真相基本确认，不再需要进行大量的调查和取证工作。

三、双方当事人同意

当事人同意，是指能否适行调解取决于当事人双方的合意。如果一方当事人不愿意调解，人民法院就不能违背当事人的意愿强行调解。当事人自愿是行政案件调解的前提条件，是调解程序启动、进行和终止的必要条件。行政诉讼中，一方是行使国家公权的行政机关，某些情形下、出于某种目的可能会通过欺骗、胁迫等非法手段迫使相对人接受调解，这就有悖行政诉讼中引入调解制度的初衷。在司法解释中明文规定只有在双方当事人都同意的情况方可适行调解，这与行政诉讼法“保护公民、法人和其他组织的合法权益”立法目的是一致的。

【实务指导】

过去在行政审判中，单一的合法性审查模式把行政诉讼简化为对行政行为合法或违法的零和判断，对于一些案件可能无法有效化解原、被告之间的行政争议，导致出现案结事不了的局面。行政诉讼中引入适行调解程序，在不违背法律规定的前提下，对行政赔偿、补偿以及行政机关自由裁量权范围内的行政处罚、行政征收等行政案件，重点做好调解工作，不仅有利于化解相对人与行政机关的矛盾，对提高行政效率、节省司法资源也是大有裨益。

并非所有的行政案件都适用调解，适行调解程序同样只能在法律明确允许的行政案件中有限适用。实务中要正确把握适用适行调解方式处理案件的基础和条件，根据个案的具体情况和当事人的利益诉求，结合案件的涉及面以及是否因政策不明或具有较强政策性、是否为社会体制转型中的新类型案件等情形综合考虑。对于有适行调解可能的行政案件，要认真调解；对于根本没有迳行调解可能的，要及时转入其他方式处理。

适用迳行调解应当充分保障当事人的意志自由，不能为了片面追求调解率而强迫调解。迳行调解中，法官的主要任务是为当事人提供好引导、指导、辅助、释明等服务，不能强迫或变相强迫当事人接受调解，更不能采取诱导、欺骗、隐瞒等方式让当事人形成错误的意志。特别是对法律关系明确、事实清楚的案件，一味强化调解可能会向责任人传递出无需充分履行义务的有利预期。[①] 长此以往，势必滋长行政机关违法行政事后补救的陋习或是相对人滥诉寻求不当获利，不利于社会规则秩序的建立。

法律关系不明确、事实难以查清的案件，不适用迳行调解，但并非不能进行调解。行政权力的行使往往事关民生和群体利益，在相关法律法规没有作出规定或者规定不明确的情况下，案件判起来一般会很困难。调解则更有利于实现定分止争的目的。对当事人自愿调解的行政赔偿、补偿以及行政机关行使法律、法规规定的自由裁量权的案件，应当调解，特别是因土地征收、房屋拆迁、社会保障等问题引发的行政争议，涉及利益主体多元、法律关系多重、案情错综复杂，都可以在征求当事人的意愿下进行调解，不要轻易放弃任何调解机会和调解成功的可能，以有效缓和行政机关与相对人之间的对立情绪，促进当事人之间矛盾化解，维护社会和谐稳定。

（徐小玉撰写）

① 沈德咏主编：《最高人民法院民事诉讼法司法解释理解与适用》（上），人民法院出版社2015年版，第428页。

部门规章、规章性文件与解读

文化和旅游部

关于调整娱乐场所和互联网上网服务营业场所审批有关事项的通知

2021 年 5 月 27 日　　　　　　文旅市场发〔2021〕57 号

各省、自治区、直辖市文化和旅游厅（局），新疆生产建设兵团文化体育广电和旅游局：

为贯彻实施《中华人民共和国未成年人保护法》和《国务院关于修改和废止部分行政法规的决定》，按照国务院“证照分离”改革要求，现就娱乐场所、互联网上网服务营业场所审批有关事项通知如下。

一、允许外国投资者依法在中国境内设立娱乐场所。根据《国务院关于修改和废止部分行政法规的决定》（中华人民共和国国务院令第 732 号），允许外国投资者依法在中国境内设立娱乐场所，取消外商投资比例限制。外国投资者申请从事娱乐场所经营活动，应当向省级文化和旅游行政部门提出申请，申请材料、设立条件和程序与内资一致。香港特别行政区、澳门特别行政区投资者在内地投资设立娱乐场所、台湾地区投资者在大陆投资设立娱乐场所参照执行。

二、幼儿园周边不得设置娱乐场所、互联网上网服务营业场所。根据《中华人民共和国未成年人保护法》第五十八条规定，学校、幼儿园周边不得设置娱乐场所、互联网上网服务营业场所。根据《全国人民代表大会常务委员会法制工作委员会关于未成年人保护法第五十八条中幼儿园周边不得设置有关场所规定含义理解和适用问题的答复意见》，幼儿园与娱乐场所、互联网上网服务营业场所距离及测量方法，由省级文化和旅游行政部门结合实际作出具体规定。《中华人民共和国未成年人保护法》施行前已开设在幼儿园周边的娱乐场所、互联网上网服务营业场所，审批机关在办理经营许可证延续或变更时，应当严格依照有关法律规定执行，切实落实不得在幼儿园周边设置娱乐场所、互联网上网服务营业场所的法定要求。

三、做好与相关部门行政审批改革的协同衔接。省级文化和旅游行政部门应当与同级应急管理、生态环境、公安等部门进行沟通会商，做好行政审批事项取消调整的衔接工作，探索申请人承诺制等方式，畅通审批流程，保障申请人的合法权益。

四、落实国务院“证照分离”改革要求。各地要根据国务院关于“证照分离”改革精神，统一使用全国文化市场技术监管与服务平台办理娱乐场所、互联网上网服务营业场所审批事项，压缩审批时限，提升审批效能，优化审批服务。

特此通知。

解读——
《文化和旅游部关于调整娱乐场所和互联网上网服务营业场所审批有关事项的通知》

文化和旅游部市场管理司

1.《文化和旅游部关于调整娱乐场所和互联网上网服务营业场所审批有关事项的通知》的主要背景。

一是落实法律的相关要求。2020年10月17日修订的未成年人保护法将于2021年6月1日起施行，其中第五十八条规定“学校、幼儿园周边不得设置营业性娱乐场所、互联网上网服务营业场所等不适宜未成年人活动的场所”，需对幼儿园“周边”范围进行明确；《国务院关于修改和废止部分行政法规的决定》（国务院令第732号），将《娱乐场所管理条例》第六条修改为“外国投资者可以依法在中国境内设立娱乐场所”，需要进一步明确设立条件和程序等相关要求。二是近年来，部分地区推进行政审批事项改革，需做好相关行政审批改革事项的取消衔接工作。三是对国务院“证照分离”改革的相关要求进一步落实。

2. 幼儿园“周边”范围确定的依据是什么？

《全国人民代表大会常务委员会法制工作委员会关于未成年人保护法第五十八条中幼儿园周边不得设置有关场所规定含义理解和适用问题的答复意见》（法工委复〔2021〕2号）明确，“鉴于各地实际情况不同、差异较大，未对学校、幼儿园‘周边’的具体范围作出规定，可由地方结合本地实际作出明确规定”，根据该意见，幼儿园“周边”距离及测量方法，由省级文化和旅游行政部门结合实际作出具体规定。

3. 外国投资者是否可以设立独资娱乐场所？

《国务院关于修改和废止部分行政法规的决定》（国务院令第732号），将《娱乐场所管理条例》第九条第一款中的“中外合资经营、中外合作经营”修改为“外商投资”，因此，外国投资者可以依法在中国境内设立独资娱乐场所，取消投资比例限制；审批层级方面，向省级文化和旅游行政部门提出申请，申请材料、设立条件和程序与内资一致。

市场监督管理行政执法责任制规定

（2021年3月25日国家市场监督管理总局第5次局务会议审议通过
2021年5月26日国家市场监督管理总局令第41号公布
自2021年7月15日起施行）

第一条 为了落实行政执法责任制，监督和保障市场监督管理部门工作人员依法履行职责，激励新时代新担当新作为，结合市场监督管理工作实际，制定本规定。

第二条 市场监督管理部门实施行政执法责任制，适用本规定。

第三条 实施行政执法责任制，应当坚持党的领导，遵循职权法定、权责一致、过罚相当、约束与激励并重、惩戒与教育相结合的原则，做到失职追责、尽职免责。

第四条 市场监督管理部门应当加强领导，组织、协调和推动实施行政执法责任制，各所属机构在职责范围内做好相关工作。

上级市场监督管理部门依法指导和监督下级市场监督管理部门实施

行政执法责任制。

第五条 市场监督管理部门应当按照本级人民政府的部署，梳理行政执法依据，编制权责清单，以适当形式向社会公众公开，并根据法律、法规、规章的制修订情况及时调整。

第六条 市场监督管理部门应当以权责清单为基础，将本单位依法承担的行政执法职责分解落实到所属执法机构和执法岗位。

分解落实所属执法机构、执法岗位的执法职责，不得擅自增加或者减少本单位的行政执法权限。

第七条 市场监督管理部门应当对照权责清单，对直接影响行政相对人权利义务的重要权责事项，按照不同权力类型制定办事指南和运行流程图，并以适当形式向社会公众公开。

第八条 市场监督管理部门工作人员应当在法定权限范围内依照法定程序行使职权，做到严格规范公正文明执法，不得玩忽职守、超越职权、滥用职权。

第九条 市场监督管理部门工作人员因故意或者重大过失，违法履行行政执法职责，造成危害后果或者不良影响的，构成行政执法过错行为，应当依法承担行政执法责任。法律、法规对具体行政执法过错行为的构成要件另有规定的，依照其规定。

第十条 有下列情形之一的，应当依法追究有关工作人员的行政执法责任：

（一）超越法定职权作出准予行政许可决定的；

（二）对符合法定条件的行政许可申请不予受理且情节严重的，或者未依照法定条件作出准予或者不予行政许可决定的；

（三）无法定依据实施行政处罚、行政强制，或者变相实施行政强制的；

（四）对符合行政处罚立案标准的案件不及时立案，或者实施行政处罚的办案人员未取得行政执法证件的；

（五）擅自改变行政处罚种类、幅度，或者改变行政强制对象、条件、方式的；

（六）违反相关法定程序实施行政许可且情节严重的，或者违反法定程序实施行政处罚、行政强制的；

（七）违法扩大查封、扣押范围的；

（八）使用或者损毁查封、扣押场所、设施或者财物的；

（九）在查封、扣押法定期间不作出处理决定或者未依法及时解除查封、扣押的；

（十）截留、私分、变相私分罚款、没收的违法所得或者财物、查封或者扣押的财物以及拍卖和依法处理所得款项的；

（十一）违法实行检查措施或者执行措施，给公民人身或者财产造成损害、给法人或者其他组织造成损失的；

（十二）对应当依法移交司法机关追究刑事责任的案件不移交，以行政处罚代替刑事处罚的；

（十三）对属于市场监督管理职权范围的举报不依法处理，造成严重后果的；

（十四）对应当予以制止和处罚的违法行为不予制止、处罚，致使公民、法人或者其他组织的合法权益、公共利益和社会秩序遭受损害的；

（十五）不履行或者无正当理由拖延履行行政复议决定的；

（十六）对被许可人从事行政许可事项的活动，不依法履行监督职责或者监督不力，造成严重后果的；

（十七）泄露国家秘密、工作秘密，或者泄露因履行职责掌握的商业秘密、个人隐私，造成不良后果或者影响的；

（十八）法律、法规、规章规定的其他应当追究行政执法责任的情形。

第十一条 下列情形不构成行政执法过错行为，不应追究有关工作人员的行政执法责任：

（一）因行政执法依据不明确或者对有关事实和依据的理解认识不一致，致使行政执法行为出现偏差的，但故意违法的除外；

（二）因行政相对人隐瞒有关情况或者提供虚假材料导致作出错误判断，且已按规定履行审查职责的；

（三）依据检验、检测、鉴定报告或者专家评审意见等作出行政执法决定，且已按规定履行审查职责的；

（四）行政相对人未依法申请行政许可或者登记备案，在其违法行为造成不良影响前，市场监督管理部门未接到举报或者由于客观原因未能发现的，但未按规定履行监督检查职责的除外；

（五）因出现新的证据，致使原认定事实或者案件性质发生变化的，但故意隐瞒或者因重大过失遗漏证据的除外；

（六）按照年度监督检查、“双随机、一公开”监管等检查计划已经认真履行监督检查职责，或者虽尚未进行监督检查，但未超过法定或者规定时限，行政相对人违法的；

（七）因科学技术、监管手段等客观条件的限制，未能发现存在问题或者无法定性的；

（八）发生事故或者其他突发事件，非由市场监督管理部门不履行或者不正确履行法定职责行为直接引起的；

（九）对发现的违法行为或者事故隐患已经依法查处、责令改正或者采取行政强制措施，因行政相对人拒不改正、逃避检查、擅自违法生产经营或者违法启用查封、扣押的设备设施等行为造成危害后果或者不良影响的；

（十）在集体决策中对错误决策提出明确反对意见或者保留意见的；

（十一）发现上级的决定、命令或者文件有错误，已向上级提出改正或者撤销的意见，上级不予改变或者要求继续执行的，但执行明显违法的决定、命令或者文件的除外；

（十二）因不可抗力或者其他难以克服的因素，导致未能依法履行职责的；

（十三）其他依法不应追究行政执法责任的情形。

第十二条 在推进行政执法改革创新中因缺乏经验、先行先试出现的失误，尚无明确限制的探索性试验中的失误，为推动发展的无意过失，免予或者不予追究行政执法责任。但是，应当依法予以纠正。

第十三条 市场监督管理部门对发现的行政执法过错行为线索，依照《行政机关公务员处分条例》等规定的程序予以调查和处理。

第十四条 追究行政执法责任，应当以法律、法规、规章的规定为依据，综合考虑行政执法过错行为的性质、情节、危害程度以及工作人员的主观过错等因素，做到事实清楚、证据确凿、定性准确、处理恰当、程序合法、手续完备。

第十五条 市场监督管理部门对存在行政执法过错行为的工作人员，可以依规依纪依法给予组织处理或者处分。

行政执法过错行为情节轻微，且具有法定从轻或者减轻情形的，可以对有关工作人员进行谈话提醒、批评教育、责令检查或者予以诫勉，并可以作出调离行政执法岗位、取消行政执法资格等处理，免予或者不予处分。

从轻、减轻以及从重追究行政执法责任的情形，依照有关法律、法规、规章的规定执行。

第十六条 市场监督管理部门发现有关工作人员涉嫌违犯党纪或者涉嫌职务违法、职务犯罪的，应当依照有关规定及时移送纪检监察机关处理。

对同一行政执法过错行为，监察机关已经给予政务处分的，市场监督管理部门不再给予处分。

第十七条 纪检监察等有权机关、单位介入调查的，市场监督管理部门可以按照要求对有关工作人员是否依法履职、是否存在行政执法过错行为等问题，组织相关专业人员进行论证并出具书面论证意见，作为有权机关、单位认定责任的参考。

第十八条 市场监督管理部门工作人员依法履行职责受法律保护，非因法定事由、非经法定程序，不受处分。

第十九条 市场监督管理部门工作人员依法履行职责时，有权拒绝任何单位和个人违反法定职责、法定程序或者有碍执法公正的要求。

第二十条 市场监督管理部门应当为工作人员依法履行职责提供必要的办公用房、执法装备、后勤保障等条件，并采取措施保障其人身健康和生命安全。

第二十一条 市场监督管理部门工作人员因依法履职遭受不实举报、诬告以及诽谤、侮辱的，市场监督管理部门应当以适当形式及时澄清事实，消除不良影响，维护其合法权益。

第二十二条 市场监督管理部门应当建立健全行政执法激励机制，对行政执法工作成效突出的工作人员予以表彰和奖励。

第二十三条 本规定所称行政执法，是指市场监督管理部门依法行使行政职权的行为，包括行政许可、行政处罚、行政强制、行政检查、行政确认等行政行为。

第二十四条 药品监督管理部门和知识产权行政部门实施行政执法责任制，适用本规定。

法律、法规授权履行市场监督管理职能的组织实施行政执法责任制，适用本规定。

第二十五条 本规定自2021年7月15日起施行。

解读——
《市场监督管理行政执法责任制规定》

市场监督管理总局法规司

为监督和保障市场监督管理部门工作人员依法履行职责，激励新时代新担当新作为，市场监督管理总局于2021年5月26日公布了《市场监督管理行政执法责任制规定》（以下简称《责任制规定》）。这是市场监管领域第一部系统规定行政执法责任制及责任追究制度的规章，彰显了市场监管部门强化自我约束、激励新时代新担当新作为的鲜明态度和坚强决心。

一、制定的背景及必要性

行政执法责任制是规范和监督行政机关行政执法活动的一项重要制度。党的十八届四中全会、十九届四中全会都对推行行政执法责任制提出了明确要求。当前，市场监管工作涉及面广、任务艰巨、责任重大，为有效监督市场监管部门及其工作人员依法全面正确履行职责，有必要加快推行行政执法责任制，严格责任追究，倒逼执法人员规范执法，念好履职用权的“紧箍咒”。与此同时，当前行政执法责任的边界不够清晰，追责问责不力与泛化、简单化的问题并存，导致一旦发生事故或者负面舆情，市场监管执法人员被不当追责的情形时有发生。

制定《责任制规定》是落实党中央、国务院决策部署的具体举措，也是监督和保障市场监督管理部门依法履职的现实需要。市场监督管理总局对此高度重视，在深入学习领会党中央、国务院重要文件的基础上，对原工商、质检、食药监部门涉及执法责任制的规定进行了认真研究吸收，通过向社会公开征求意见、召开立法论证会和立法座谈会等形式广泛征求意见建议，并根据《行政机关公务员处分条例》第二条规定的精神书面征求了中央和国家有关机关、部门的意见，经过反复修改完善，最终形成规章草案提请总局局务会议审议通过。

二、主要内容

《责任制规定》围绕贯彻落实行政执法责任制，坚持“严管”与“厚爱”相结合、约束与激励并重，强调有错必纠、容纠并举，失职追责、尽职免责。规章共25条，主要内容包括以下四个方面。

（一）依法界定职责

依法界定行政执法职责是正确履行职责和责任追究的前提和基础。近年来，市场监管部门根据国务院和地方政府统一部署，按照“清权、减权、制权、晒权”的要求，在对执法职责进行全面梳理的基础上，编制并公开了权责清单、服务指南、权力运行流程图等。《责任制规定》对此进行了确认，并要求对照权责清单将本单位依法承担的执法职责分解落实到所属执法机构和执法岗位，责任到人，确保执法职责落到实处。

（二）严格责任追究

责任追究是行政执法责任制的核心。《责任制规定》对行政执法过错行为的构成要件、具体追责情形、追责方式等作出规定，为市场监管部门开展责任追究提供制度遵循。在追责情形上，根据行政许可法、行政处罚法、行政强制法等法律，梳理了18项具体追责情形；在责任追究方式上，主要包括诫勉、组织处理和处分，其中对于行政执法过错行为情节轻微，且具有法定从轻或者减轻情形的，可以进行谈话提醒、批评教育、责令检查或者予以诫勉，并可以作出调离行政执法岗位、取消行政执法资格等处理，免予或者不予处分；在责任追究程序上，鉴于《行政机关公务员处分条例》等已有详细规定，《责任制规定》予以转致适用。此外，对行政执法责任追究与纪检监察责任追究作出衔接性规定，进一步推进行纪衔接贯通，以强监督促强监管。

（三）明确尽职免责

尽职免责是责任追究规定的重要补充。《责任制规定》依据《中国共产党问责条例》并参照各地出台的有关建立容错纠错机制激励干部担当作为的规定，结合市场监管工作实际，分别规定了两类尽职免责情形，包括13项不应追究行政执法责任的情形和1类改革创新中的容错情形，并严格限定了免责的具体情形和适用条件，鼓励和保障市场监管执法人员积极担当作为。

（四）保障依法履职

《责任制规定》首先对市场监管部门工作人员依法履职受法律保护作出原则性规定，禁止违规干预执法活动。在此基础上，要求市场监管部门为工作人员依法履职提供必要的办公用房、执法装备、后勤保障等条件，并采取必要措施保障执法人员的健康权、名誉权等合法权益。同时，在纪检监察等有权机关、单位对市场监管部门工作人员开展调查时，规定市场监管部门可以按照有权机关、单位的要求，针对有关人员是否依法履职、是否存在执法过错等出具书面论证意见，作为有权机关、单位认定责任的参考。

新类型疑难案例选评

李某平与重庆闽路润贸易有限公司、天津晟旺长鑫贸易有限公司等执行异议案

程媛媛　刘佳佳*

【基本案情】

成都铁路运输中级法院在执行申请执行人重庆闽路润贸易有限公司与被执行人成都盈驰贸易有限公司等委托合同强制执行案件中，依法对被执行人天津晟旺长鑫贸易有限公司（以下简称晟旺长鑫公司）的法定代表人李某平采取了限制消费措施。工商登记信息显示李某平系晟旺长鑫公司法定代表人，李某平申请异议称，其是在四川省川威集团有限公司（以下简称川威公司）的安排下担任晟旺长鑫公司法定代表人，且晟旺长鑫公司与四川永威贸易有限公司（以下简称永威公司）曾为其出具《非实际控制型法人证明》，川威公司法定代表人亦曾出具《承诺函》，载明“李某平系晟旺长鑫公司法律意义上的法定代表人。因担保产生的一切经济纠纷及法律责任均由川威公司承担”。李某平于2018年3月3日与川威公司签订《劳动合同解除协议书》，从该公司离职，

* 作者单位：成都铁路运输中级法院。

亦未在晟旺长鑫公司工作。后李某平于2019年12月2日对成都铁路运输中级法院作出的（2019）川71执138号限制消费令提出异议，请求对限制消费令给予解除。

【裁判结果】

成都铁路运输中级法院认为，根据《最高人民法院关于限制被执行人高消费及有关消费的若干规定》第三条第二款的规定，本院在执行过程向李某平发出限制消费令符合司法解释的规定，并无不当；至于李某平提出的其并非被执行人晟旺长鑫公司实际控制人的主张，不属于执行异议程序审查的内容，对此不予审查。故作出（2019）川71执异116号裁定，驳回李某平的异议请求。该裁定书已生效。

【评析】

非实际控制型法定代表人被限制高消费后的权利救济之困境与出路

本案本身涉及的法律问题并不复杂，《最高人民法院关于限制被执行人高消费及有关消费的若干规定》（以下简称《限高若干规定》）即为其提供了判决依据，被执行人主张的相关权利在执行程序中不能得到救济。

究其原因有两个：其一，难以满足解除条件。在执行实施过程中，理论上是存在解除限制消费令的空间的。根据《限高若干规定》第九条的规定，在限制消费期间，人民法院可以解除限制消费令的情形有两种：一是被执行人提供确实有效的担保；二是经申请执行人同意。但在笔者查询到的诸多就解除限制消费令提出的执行异议或复议案件中，均未有满足两种解除条件之一的案例。逆向思考，若在此情形下解除限制消费令，在一定程度上也有背离《限高若干规定》出台原意的嫌疑。毋庸置疑，“执行难”的因素是多方面的，但其中有一点特别值得关注，即当前我国的信用体系尚不健全，实践中存在着诸多被执行人一方面拖延履行、恶意逃避履行生效法律文书确定的义务，另一方面又进行各种高消费行为，如此严重损害法律权威和申请执行人的合法权益。正是基于此，为进一步推动执行力度，惩治老赖，《限高若干规定》出台。综上，在该类案件中作为被执行人某公司在工商机关登记的法定代表人，法院在执行过程中向其发出限制消费令的行为符合司法解释的规定。虽然后续该类法定代表人异议称其担任公司法定代表人系受集团公司指派，且有相关《承诺函》《非实际控制型法人证明》等材料作为佐证，但由于前述文件均为相关公司与其个人的内部约定，不能对外发生法律效力，亦不能对抗工商登记产生的公示公信效力。故法院依据执行裁定书对被执行人某公司的法定代表人采取限制消费措施并无不当。若法院因其为非实际控制型法定代表人，对其异议、复议给予支持，则会带来一种恶劣的社会示范效应，更加鼓励了实际控制人采取这种方式规避法院执行，使得出台《限高若干规定》的目的落空。

其二，该类案件异议理由在审查范围之外。同样关键的一点在于，该类案件中法定代表人提出的其并非被执行人公司真实法定代表人和实际控制人的主张，不属于执行异议程序审查的范围，法院对此项内容是不予审查的，自然其权利无法在执行异议程序得以救济。

综上，类似李某平的案件，其作为公司法定代表人身份的存续，在通过执行异议程序得不到解决，又存在解除法定代表人身份现实需求的情况下，其妥当的出路何在？根据现行的相关法律规定，可能的途径有两大类：一是公司内部形成变更法定代表人决议；二是提起请求变更公司登记之诉。

一、救济途径

（一）内部救济：公司形成变更法定代表人决议

值得注意的是，上述类型案件中的法定代表人系未持股型法定代表人，也意味着根据公司法第三十九条的规定其不具备提议召开临时股东会的资格。退一步而言，即便定期股东会按公司章程规定召开，若想形成作为公司章程法定事项之一的“法定代表人”变更决议，须经代表三分之二以上表决权的股东通过，其难度可想而知。除了存在主观上公司恶意拖延不处理的主要障碍以外，客观上亦存在公司空壳现状的阻碍。上述类型案件中很多情况下被挂名的公司为空壳公司、平台公司，其设立公司的手续是合法的，但却未开展经营业务，相当于只是存在于文件上。即意味着很难根据公司法、《企业法人法定代表人登记管理规定》[①]的相关规定召集股东、董事，召开股东会或董事会，作出变更法定代表人的决议更是难上加难。如上所述，通过该途径实现权利救济是不现实的。

（二）诉讼救济：提起请求变更公司登记之诉

在自力救济无法实现权利保障的现状下，诉诸公力救济便是自然的选择。2011年《民事案件案由规定》“与企业有关的纠纷”中的第244项案由为“请求变更公司登记纠纷”，同时，根据《公司登记管理条例》[②]的规定，法定代表人姓名为公司登记事项之一。因此，诸如李某平的类似案例，“挂名”法定代表人通过任职调整等实际上已离开公司，但公司未进行法定代表人事项的变更，那么客观上便存在提起请求变更公司登记纠纷诉讼的可能性，即可通过诉讼维护其合法权益。

---

①② 所引用两个文件均为审理案件时的依据，二者均被2021年7月发布的《市场主体登记管理条例》废止、替代，后同。

二、诉讼路径具体分析

总体上来看，此类型案件实践中并不是很多，同时囿于各地法院关于相关法律法规的理解并不完全一致，故司法裁判结果亦存在较大差异。

（一）类案裁判规则梳理

对于法定代表人提起的请求变更公司登记纠纷案件，各地法院所作出的裁判不甚一致，甚至有些截然相反。笔者通过中国裁判文书网检索相关类案并进行了梳理，主要有以下三种情况。

1. 驳回起诉。以（2019）沪0112民初465号民事裁定书为例。裁判理由主要集中在：根据法律规定，公司得以运转、存续的公司章程是由股东共同制定的，公司章程对公司、股东、董事、监事、高级管理人员具有约束力。而法定代表人依照公司章程的规定由董事长、执行董事或者经理担任。由此可见，法定代表人的任免源于公司章程的规定，属于公司自治范畴。

2. 驳回诉讼请求。以（2017）苏0581民初7541号民事判决书为例，[①] 法院作出此类裁判结果的理由大致为：其一，无股东决议变更法定代表人的证明；其二，纵然法定代表人事实上非该公司的股东或实际控制人，甚至非该公司员工，但上述事由均非法定代表人的任免或权责渊源，也即并非成为法定代表人的法定或公司章程规定的前提或资格条件，故诉讼请求因不具有法律和事实依据被判决驳回。

3. 支持诉讼请求。一是判决被告限期变更法定代表人登记事项。

---

① 参见（2016）京0108民初18832号、（2015）沪二中民四（商）终字第1129号等民事判决书。

笔者通过检索梳理发现，诸如（2019）沪01民终6027号民事判决书，[①] 裁判理由为：办理公司法定代表人变更登记手续，虽是被告内部事务，但在原告多次要求被告办理公司法定代表人变更登记手续，被告却以种种理由推诿情况下，为了维护社会正常经济秩序，维护当事人的合法权益，应当赋予原告司法救济途径。二是判决被告限期涤除原告法定代表人身份。如（2017）沪0105民初7522号民事判决等[②]，裁判理由主要集中在以下两个维度：法人性质上属于法律拟制人格，其对外开展活动主要是通过法定代表人进行，这就要求法定代表人与其代表的法人之间存在实质关联性；在案件当事人已然从公司离职且未实际控制公司的情况下，仍为公司名义上的法定代表人，显然背离了公司法第十三条的立法宗旨；民事活动应遵循公平原则，合理确定各方权利义务。在案件当事人已然从公司离职且未实际控制公司的情况下，仍要承担法定代表人的相应责任，显然有失公允。故判决公司限期涤除法定代表人登记信息。

（二）裁判结果分析

如上文所述对于法定代表人提起的请求变更公司登记纠纷案件法院裁判结果大致有三种，笔者倾向于第三种处理方式，具体理由如下：

1. 不应驳回起诉。

笔者认为驳回起诉这一裁判结论无疑突破了民事诉讼法第三条关于民事诉讼案件审理范围的规定。原告请求被告公司办理法定代表人变更登记的纠纷，并非逾越“平等主体”的范畴，虽形成变更法定代表人的决议是公司自治事项，但在法定代表人已辞职而公司又恶意不处理变更法定代表人登记事项的情况下，其与公司之间的民事纠纷便具备了诉

① 参见（2018）鄂0117民初35号、（2016）京01民终5341号、（2016）津0116民初2431号、（2016）浙08民终1355号、（2015）东商初字第493号、（2013）丰民初字第14981号等民事判决书。

② 参见（2017）沪01民终14399号等民事判决书。

的利益，属于民事案件的受理范围。

自治原则作为私法基础性原则是不可撼动的，同属私法的公司法自然也不例外。① 毋庸置疑的是，作为市场经济主体的公司正是由于公司法赋予的自治原则，方能充分发挥其主观能动性，以公司章程为依托，自主应对市场变化谋求发展。同时，自治原则即是意味着公权力不可过度介入，司法权作为公权力的重要组成部分当然更是如此。司法权的本质是裁判权，是对纠纷的一种公权力介入的处理和衡平。值得审视的是，司法权过度渗透固然是不被允许的，但当出资人和公司的自治运行出现偏差，损害他人的合法权益时，也即此时的公司自治已经丧失了正当性评价的基础，其依赖的公司内部治理各相关利益方的平衡和妥协被打破，单纯依靠内部治理已不能完全自恰，于是便出现了司法权介入的切入点，依靠外部力量司法权来再次使得公司内部治理的失衡状态得以复归原状。故如本文所述此类案件，从法理基础上来说司法权亦应介入，而不应该在当事人试图寻求诉讼救济时否定当事人的诉权。

2. 不宜以无法律根据和事实根据为理由驳回诉讼请求

笔者认为，驳回诉讼请求这一裁判结论值得商榷。当然值得肯定的是，作出驳回诉讼请求判决无疑是抱有一种审慎的态度，是适度尊重公司自治的体现。但以无法律根据和事实根据为理由驳回当事人的诉讼请求是不合适的。

第一个层面：法律原则的可适用性。自1990年《最高人民法院公报》公布的“莒县酒厂诉文登酿酒厂不正当竞争案”，通过直接适用民法基本原则作出裁判第一个开创性案例以来，法律原则得到了相当或直接或间接的适用。在现代法理学的范畴内，法律原则与法律规则是相对应的概念。虽然在一定程度上法律原则的内涵具有高度抽象性、外延具有宽泛性，不如法律规则对假定条件和行为模式均有明确的规定，但也

① 囿于本文主题所限，对于理论界热议的“私法公法化”趋势，暂不作讨论。

正是缘于法律原则本身所具有的特征，其方可更好缓解规范与事实间的张力，实现个案的衡平。具体到本文所述的这类案件来说，以无法律依据作为理由来驳回诉讼请求是站不住脚的。公平原则作为民事活动应遵循的基本原则，在此类案件中却难觅踪迹。法定代表人已从公司离职从未获得任何益处，却承担着巨大的风险，显然是有失公允、违背公平原则的。

另一个层面的问题便是司法权对公司自治的介入限度问题。在本文上述部分已论证了此类案件给司法权的介入留了入口，那么更为关键且棘手的问题在于司法权介入的限度。公司自治不是万能的，其主要体现在公司内部的商业判断和自我治理上，尤其是在我国公司法起步较晚，相应公司法律制度还不是很完善，公司参与人法律意识不太强的客观大环境下，完全寄托于公司自治是不现实的。如果司法虽介入了但却不恰当放弃了司法职责，比如此类案件已经穷尽了公司内部的救济途径，权利仍得不到保障，而进入司法程序后，法院仍以缺乏变更法定代表人决议为理由，认定无事实根据驳回诉讼请求，结果便是不仅使受损的权利得不到救济、公司自治中出现的形变得不到纠正，更严重的是损害民众的法律信仰和司法公信力。

3. 应支持诉讼请求

笔者认为，判决限期变更法定代表人这类判决初看之下似乎是妥当的，且相较于前述驳回起诉和驳回诉讼请求的判决无疑是质的飞跃，尤其是充分注意到了原告已无其他救济途径这一重要事实。但尽管如此，仍然有值得商榷之处，原因在于法定代表人由原告具体更换为谁，则属于被告的内部治理事项，在公司内部未形成决议的情况下，判决变更法定代表人虽然在法律适用上并无过错，但后续可能有无法执行的风险，如此一来刻板适用或许将导致问题仍遗留甚至矛盾纠纷升级。而诸如限期涤除法定代表人的此类判决，无论是从裁判说理角度抑或是裁判结果层面，均为解决该类纠纷提供了一个合理化的证明，以及在可能的情况下为类案的处理提供了一种指引。但同时要注意的是必须充分向被告释明法律风险，即一旦判决由其涤除原告作为被告的法定代表人的登记事项，而被告却不明确由谁作为继原告之后的法定代表人，并配合办理变更登记手续，则可能引起相关风险，诸如登记事项将不符合《公司登记管理条例》的规定，那么也就存在被市场监督管理部门依法吊销营业执照的可能性。

综上，在对类似案例的裁判结果进行分析的基础上，笔者倾向于最后一种判决方式，即判决公司限期涤除法定代表人登记信息。

（三）诉讼之路：判决限期涤除法定代表人的合理性证成

1. 宏观层面："无救济则无权利"。

"无救济则无权利"，这一格言强调的是救济对于权利的重要性。可以说，权利自始至终是与救济连接在一起的。如果关注权利的实现，那么必须关注权利的救济，没有救济则没有权利。在现代法治国家，救济总是与司法紧密相连的。公民的某一合法权利受到侵犯，只有可以诉诸公力救济且通过司法机关权利得到有效保障的，才可以算作具有法律意义上的权利，也印证了"司法是维护社会公平正义的最后一道防线"。反之，如果一项权利其没有被赋予公力救济的渠道，其很难被实际享有。

在上述"无救济则无权利"法理支撑的基础上，反观《最高人民法院关于在执行工作中进一步强化善意文明执行理念的意见》（法发〔2019〕35号，以下简称《善意文明执行意见》）第17条明确规定的解除限制消费措施的几类情形，其中第二类为："单位被执行人被限制高消费后，其法定代表人、主要负责人却因经营管理需要发生变更，原法定代表人、主要负责人申请解除对其本人的限制消费措施的，应举证证明其并非单位的实际控制人、影响债务履行的直接责任人员。人民法院经查证属实的，应予准许，并对变更后的法定代表人、主要负责人依法采取限制消费措施。"也即意味着在法定代表人发生变更的情形下给出了救济的出路，同时根据公司法、《公司登记管理条例》《企业法人法定代表人登记管理规定》等相关规定，市场监督管理部门变更公司法定代表人登记事项的法定依据是股东会或董事会决议等。值得警惕的事实是，理想中法律规定是清晰的，流程看起来也并不算复杂，但现实中却不易行得通，正如上文所述，出于客观障碍或主观拖延法定代表人穷尽自力救济也很难使公司作出变更决议，“法定代表人”所带来的桎梏难以破除。

司法审判作为保护当事人合法权益的最后一道防线，作为权利救济的“救命稻草”，轻易关闭此救济途径是不妥当的，也有违“无救济则无权利”的基本法理。

2. 微观层面：审慎的裁判思路。

审理类似李某平的案件首先要明确的前提是，该类案件属于民事案件管辖范围。根据相关法律规定，办理公司法定代表人变更登记属于公司的法定权利和义务，而法定代表人与公司之间存在变更登记纠纷，属于平等主体之间的民事纠纷。民法通则第一章第四条明确规定了民事活动应当遵循自愿、公平、等价有偿、诚实信用的原则。在该类案件中，尤为值得关注的是公平原则，公平即意味民事主体从事民事活动应合理确定权利和义务。而在其非公司股东亦非公司员工不再享受任何权利的前提下，却仍作为公司名义上的法定代表人承担一系列不利后果，显然是有失公平的。

在打通了此条公力救济的通道之后，需关注的是具体的案件影响因素。具体来说，一般应考量如下四个类型化要素：一是形式要件。该类法定代表人是否与公司仍存在劳动法或公司法上的关系。二是实质要件。该法定代表人与公司之间是否具有实质关联性。这里的实质关联性主要体现在法定代表人在公司的经营管理的参与上。诸如是否仍掌握公司公章、证照；是否掌控公司的财务账簿、公司收支、业务发展情况；等等。三是该法定代表人是否已妥善告知相关人员离职及限期更换法定代表人事宜。具体而言，是指该法定代表人是否已经向相关人员书面告知其离职事宜，并明确提出要求公司限期更换法定代表人、办理工商变更登记。此处的相关人员主要包括公司、股东、公司的实际控制人以及工商、税务等部门。四是该是否已穷尽自力救济途径。在提起民事诉讼前，是否已穷尽自力救济途径也是决定司法是否介入的重要因素之一。例如，已经与公司实际控制人就离职及法定代表人变更登记事宜进行过多轮沟通、已经书面督促公司要求办理变更登记等。

至为关键的是，纠纷的解决不仅体现在审理阶段，更在于执行阶段。基于可操作性的要求，避免后续无法执行的困境，此类案件的审理，相较于判决公司限期进行法定代表人变更登记而言，直接判决公司限期涤除法定代表人登记信息比较妥当。因若直接判决公司在一定期限内进行法定代表人变更登记，虽然是符合法理情理，但一定程度上也只能停留在形式层面，具体到执行过程中，若公司一直怠于履行生效法律文书确定的义务，法院亦无法强制市场监督管理部门在公司未确定新任法定代表人的情况下直接依据判决涤除原法定代表人的登记信息。若直接判决公司限期涤除法定代表人登记事项，则在后续执行过程中，如出现公司怠于履行的情况，执行法院可申请相关市场监督管理部门进行执行协助，则该部门可直接强制涤除原法定代表人登记事项，并将该公司列入经营异常名录，该公司股东在三年之内亦不可投资其他公司或担任重要职位。

如此裁判，类似李某平的案件便真正得到了解决。当事人的合法权益得到了维护，同时一定程度上打压了法律寻租者的气焰。

三、问题的延伸：债权人的出路

毫无疑问的是，本文上述分析或许为类似李某平的挂名法定代表人权利的救济提供了可行的出路，即提起公司变更登记之诉。那么关于该问题的探讨似乎也该就此画上句号，但实则并非如此。仔细推敲下，在提供可行出路的背后，还涉及另一个利益群体，即原案的申请执行人，也即债权人。此类案件中债权人的权利在如前所述挂名法定代表人提起公司变更之诉后，其权利该如何实现，是一个不得不作出回答的问题。

可以想见的是，一旦法院判决公司涤除法定代表人登记事项，而公司又不能明确由谁作为法定代表人，更枉谈配合办理变更登记手续，则造成的后果便是公司登记事项将不符合《公司登记管理条例》的规定，可能引起市场监督管理部门依法吊销公司营业执照的风险。吊销公司的营业执照，是市场监督管理部门对违法公司作出的最严厉的行政处罚。公司被吊销营业执照，属于公司法第一百八十条规定的法定解散事由之一，也是目前一种较为常见的公司解散原因。公司一旦被吊销营业执照，其经营资格丧失，但企业法人的主体资格依然存在，在退出市场前，应当依法进行清算，了结一切经济法律关系。该类案件的结果，根据《最高人民法院关于执行案件移送破产审查若干问题的指导意见》的相关规定，在符合条件的情况下便转入破产程序。虽然转入破产程序的结果符合“能够执行的依法执行，整体执行不能符合破产法定条件的依法破产”的工作格局，也是在遵循司法规律，但从公平保护债权人和债务人合法权益的维度出发，此种情况下，债权人是否还有其他救济途径来尽可能最大限度地保障权益，或许是一个值得思考的问题。

（一）第三人撤销之诉

根据民事诉讼法第五十六条的规定，有独立请求权第三人和无独立请求权第三人具有提起第三人撤销之诉的主体资格。首先，此类型案件中的债权人不是公司登记纠纷案件的有独立请求权第三人。公司登记纠纷案件的诉讼标的是挂名法定代表人与公司间的法律关系。公司债权人自然不是该法律关系主体。在该法律关系中，债权人不享有法律权利，也不承担法律义务。故无权以有独立请求权第三人身份提起撤销之诉。其次，债权人亦不是公司登记纠纷案件的无独立请求权第三人。债权人对公司享有的债权与公司登记纠纷案件的诉讼标的没有法律上的关联性，案件的处理结果也未导致债权人承担法律义务或责任，虽然公司登记纠纷案件的处理结果对债权人债权的实现可能会有一定影响，但这仅仅表明与案件的处理结果存在事实上的利害关系，而非存在法律上的利害关系。故债权人对公司登记纠纷案件属无独立请求权第三人，不具备提起第三人撤销之诉的主体资格。

（二）申请追加被执行人

根据《最高人民法院关于民事执行中变更、追加当事人若干问题的规定》第十七条至第二十二条的规定，作为被执行人的企业法人，财产不足以清偿生效法律文书确定的债务的，申请执行人提出以下申请法院应予以支持：（1）申请变更、追加未缴纳或未足额缴纳出资的股东、出资人或依公司法规定对该出资承担连带责任的发起人为被执行人，在尚未缴纳出资的范围内依法承担责任的；（2）申请变更、追加抽逃出资的股东、出资人为被执行人，在抽逃出资的范围内承担责任的；（3）其股东未依法履行出资义务即转让股权，申请执行人申请变更、追加该原股东或依公司法规定对该出资承担连带责任的发起人为被执行人，在未依法出资的范围内承担责任的；（4）作为被执行人的一人有限责任公司，财产不足以清偿生效法律文书确定的债务，股东不能证明公司财产独立于自己的财产，申请执行人申请变更、追加该股东为被执行人，对公司债务承担连带责任的；（5）作为被执行人的法人或其他组织，被注销或出现被吊销营业执照、被撤销、被责令关闭、歇业等解散事由后，其股东、出资人或主管部门无偿接受其财产，致使该被执行人无遗留财产或遗留财产不足以清偿债务，申请执行人申请变更、追加该股东、出资人或主管部门为被执行人，在接受的财产范围内承担责任的。

（三）起诉追究董事的连带责任

根据公司法第一百四十七条第一款的规定，董事、监事、高级管理人员应当遵守法律、行政法规和公司章程，对公司负有忠实义务和勤勉义务。上述规定虽未列举董事勤勉义务的具体情形，但是董事负有向未履行或未全面履行出资义务的股东催缴出资的义务，这是由董事的职能定位和公司资本的重要作用决定的。根据董事会的职能定位，董事会负责公司业务经营和事务管理，董事会由董事组成，董事是公司的业务执行者和事务管理者。股东全面履行出资是公司正常经营的基础，董事监督股东履行出资是保障公司正常经营的需要。《最高人民法院关于适用〈中华人民共和国公司法〉若干问题的规定（三）》第十三条第四款规定："股东在公司增资时未履行或者未全面履行出资义务，依照本条第一款或者第二款提起诉讼的原告，请求未尽公司法第一百四十七条第一款规定的义务而使出资未缴足的董事、高级管理人员承担相应责任的，人民法院应予支持；董事、高级管理人员承担责任后，可以向被告股东追偿。"上述规定的目的是赋予董事、高级管理人员对股东增资的监管、督促义务，从而保证股东全面履行出资义务、保障公司资本充实。在公司注册资本认缴制下，公司设立时认缴出资的股东负有的出资义务与公司增资时是相同的，董事、高级管理人员负有的督促股东出资的义务也不应有所差别。故在董事未向未履行或未全面履行出资义务的股东催缴出资时，可起诉追究董事的连带责任。

（四）申请追加实际控制人为被执行人

强制执行程序中追加被执行人是特定情形下对执行依据义务履行主体的扩张。当前，我国对于公司实际控制人法律责任的规定大多集中在公司法及其司法解释、证券法及证监部门规章、证券交易所规范性文件中，涵盖的亦大多是实际控制人在关联交易、证券发行、内幕交易等活动中的责任。在执行程序中，若不能追加公司实际控制人为被执行人，以实际控制人藏在暗处规避执行的现象便无法得到反制，最终公司债权人的受损利益就不可能得到充分有效的救济。

1. 法律依据及价值导向。虽然《最高人民法院关于民事执行中变更、追加当事人若干问题的规定》并未明确规定可以追加实际控制人为被执行人，但根据《最高人民法院关于依法制裁规避执行行为的若干意见》第20条的规定，“依法变更追加被执行主体或者告知申请执行人另行起诉。有充分证据证明被执行人通过离婚析产、不依法清算、改制重组、关联交易、财产混同等方式恶意转移财产规避执行的，执行法院可以通过依法变更追加被执行人或者告知申请执行人通过诉讼程序追回被转移的财产”。“实际控制人”亦为规避执行的一种方式，在有证据证明的情况下，执行法院存在可以追加实际控制人为被执行人的空间。同时，规避执行是目前法院执行工作遇到的难题之一，被执行人运用各种手段规避执行，实际控制人为其避风港的情况也甚为众多，对其进行反制已势在必行，否则便会导致债权人的债权缩水或根本无法实现。

2. 程序性规则。建立以申请人为主导的启动程序因追加公司实际控制人为被执行人更偏向为一种裁决，法院应处于中立地位，不宜直接依职权追加。程序的启动应由债权人提出，且债权人必须为该案的申请执行人。但是，由于信息不对称等，公司是否存在实际控制人、其是否存在滥用公司独立人格规避执行的行为、是否应当变更或者追加为被执行人等相关证据，往往是执行法院在对被执行人进行财产调查的过程中发现的。因此，笔者认为，应当根据执行公开原则，明确规定法院的告知义务，申请执行人知悉该事由后有权决定是否申请变更或追加相关当事人为被执行人。

3. 举证责任分配的倾斜。公司实际控制人的隐蔽性和对公司的控制性导致了信息的极度不对称，故债权人可能难以取得证明其滥用控制权规避执行的相关证据。此种情况下，笔者认为“谁主张谁举证”适当倾斜方符合客观境况。申请执行人在提出追加公司实际控制人为被执行人申请时，承担初步举证责任，证明拟追加变更为被执行人的主体对公司具有控制权，提供其可能滥用控制权规避执行的初步证据或线索，并举证证明自身权益受损的事实即可。申请执行人可申请执行法院依职权查证相关证据，再由拟追加、变更为被执行人的主体举证证明其并未实施滥用控制权规避执行行为。

4. 后发性权利救济。执行审查机构将公司实际控制人纳入执行力扩张范围的裁决并非终局裁决，必须赋予当事人和利害关系人相应的救济权：当事人、利害关系人不服法院针对追加、变更被执行人所作的裁定的，可向上级法院申请执行复议。其中，要平衡两方面的关系：一是权利保障，确保依法应当受理的异议能够被及时受理和审查；二是保证效率，复议主要通过书面审查方式进行并严格执行法定的申请和审查期限。

四、余论

类似于李某平的案例，其法律关系并不复杂，但警示意义是不容小觑的。随着社会经济的发展，出于诸多原因挂名法定代表人的情形已较为常见，但要警惕的是挂名法定代表人并非只具有形式上的意义，其存在的风险不仅仅在于职责存续期间，还在于当已不在其位却难辞其职时如何摆脱法定代表人带来的桎梏。挂名容易辞名难，挂名法定代表人需谨慎。同时，对实际控制人的反制亦是一个值得给予关注的问题，如何设置合理的程序及规则，在执行程序中追加实际控制人为被执行人，使得债权人的债权不至于缩水甚至化为泡影，只有在实践中经法律不断检验和完善，或许在不久的将来，该类问题才可得到妥善的解决。

《最新法律文件解读》丛书

稿　约

《最新法律文件解读》是一套以为最新法律规范提供同步"解读"为主的系列丛书，分为刑事、民事、商事、行政与执行4个分册，按月出版。

本丛书以"解读"为重点，突出全、专、新、快、准等特点，通过对最新出台的法律、法规、司法解释、部门规章以及重要地方性法规进行同步动态解读，弥补了法律、法规、司法解释汇编类出版物没有同步阐释、解读内容的不足，为广大读者学习理解最新法律规范，正确贯彻执行法律文件，及时解决实践中的新情况、新问题，提供一个全方位、多层面的法律信息平台。

欢迎您向以下栏目赐稿：

【最新法律文件解读】主要是对最新颁行的法律文件进行解读，帮助司法和执法人员正确理解法律文件的立法背景、意义、重点内容、在适用中应注意的问题、与相关法律文件的衔接与互动关系等。

【司法实务问题研究】主要刊登对司法理论、实务及司法管理工作中的热点、疑难问题进行研究及评论的文章。

【新类型疑难案例选评】主要是对司法和行政执法实践中具有典型性和代表性的疑难案例，结合具体案情以及审理或处理结果进行简练精辟的点评，解析认识问题的方法、处理问题的法律依据和在个案中的具体适用。

【法学前沿与新视点】以摘要的形式刊登相关法学理论研究的最新动态及具有代表性和典型性的前沿问题，扩展法学研究的深度和广度。

【法律适用问题解答】主要针对司法和行政执法实践中面临的新问题、热点问题、疑难问题进行简要的解答，指出涉及的法律关系，明确法律适用依据。

稿件一经刊用即付稿酬，稿酬从优。

《刑事法律文件解读》　　杨晓燕　邮箱:5184621@qq. com

《民事法律文件解读》　　丁丽娜　邮箱:dlnlaw@163. com

《商事法律文件解读》　　路建华　邮箱:shangshijiedu@126. com

《行政与执行法律文件解读》　张　奎　邮箱:271717306@qq. com

人民法院出版社

《最新法律文件解读》丛书编辑部

人民法院出版社 2021 年连续出版物

《中国审判指导丛书》

1.《刑事审判参考》

最高人民法院刑事审判第一庭、第二庭、第三庭、第四庭、第五庭共同主办。全年 6 辑,每辑 68.00 元,共 408.00 元。

2.《民事审判指导与参考》

最高人民法院民事审判第一庭编。全年 4 辑,每辑 68.00 元,共 272.00 元。

3.《商事审判指导》

最高人民法院民事审判第二庭编。全年 2 辑,每辑 68.00 元,共 136.00 元。

4.《立案工作指导》

最高人民法院立案庭编。全年 2 辑,每辑 68.00 元,共 136.00 元。

5.《审判监督指导》

最高人民法院审判监督庭编。全年 4 辑,每辑 68.00 元,共 272.00 元。

6.《知识产权审判指导》

最高人民法院民事审判第三庭编。全年 2 辑,每辑 68.00 元,共 136.00 元。

7.《涉外商事海事审判指导》

最高人民法院民事审判第四庭编。全年 2 辑,每辑 68.00 元,共 136.00 元。

8.《环境资源审判指导》

最高人民法院环境资源审判庭编。全年 2 辑,每辑定价 68.00 元,共 136.00 元。

9.《中国少年司法》

最高人民法院少年法庭指导小组编。全年 4 辑,每辑 68.00 元,共 272.00 元。

10.《执行工作指导》

最高人民法院执行局编,自 2019 年起由人民法院出版社出版发行。全年 4 辑,每辑 68.00 元,共 272.00 元。

11.《国家赔偿与司法救助办案指导》

最高人民法院赔偿委员会办公室编。全年 2 辑,每辑 68.00 元,共 136.00 元。

《最新法律文件解读丛书》

《刑事法律文件解读》《民事法律文件解读》《商事法律文件解读》《行政与执行法律文件解读》

人民法院出版社编。全年 12 辑,每辑 28.00 元,共 336.00 元。

判解研究系列

1.《判解研究》

中国人民大学民商事法律科学研究中心主办,著名民法学家王利明教授主编,CSSCI 来源集刊。全年 4 辑,每辑 68.00 元,共 272.00 元。

2.《刑事法判解》

北京大学法治与发展研究院刑事法治研究中心主办,著名刑法学家陈兴良教授主编,车浩教授任执行主编。全年 2 辑,每辑 68.00 元,共 136.00 元。

3.《刑事法判解研究》

北京师范大学刑事法律科学研究院编。全年 2 辑,每辑 68.00 元,共 136.00 元。

司法从业人员案头必备权威工具书

1.《司法文件选》

最高人民法院研究室编。全年 12 辑,每辑定价 8.00 元,共 96.00 元。

2.《司法文件选解读》

最高人民法院研究室编。全年 12 辑,每辑定价 10.00 元,共 120.00 元。

3.《司法文件选(2020 年合订本)》

最高人民法院研究室编。本书定价 82.00 元。

4.《司法文件选解读(2020 年精选集)》

最高人民法院研究室编。本书定价 86.00 元。

银行汇款方式:
开户银行:工行王府井金街支行
账号:0200000709004606170
开户名称:人民法院出版社有限公司
传真:010 - 67550541
上述图书,邮购请加 15% 邮费。

邮局汇款方式:
邮编:100745
地址:北京市东城区东交民巷 27 号
联系人:人民法院出版社有限公司
咨询电话:010 - 67550595　67550536